·经典珍藏·

吴清源精湛棋艺赏析

刘乾胜　李　兵　帅业和　编著

时代出版传媒股份有限公司
安徽科学技术出版社

图书在版编目(CIP)数据

吴清源精湛棋艺赏析 / 刘乾胜,李兵,帅业和编著.
--合肥:安徽科学技术出版社,2019.1(2023.4 重印)
(经典珍藏)
ISBN 978-7-5337-7475-2

Ⅰ.①吴… Ⅱ.①刘…②李…③帅… Ⅲ.①围棋-
对局(棋类运动) Ⅳ.①G891.3

中国版本图书馆 CIP 数据核字(2018)第 002790 号

吴清源精湛棋艺赏析　　　　　　　　　　刘乾胜　李　兵　帅业和　编著

出 版 人:丁凌云　　　选题策划:倪颖生　　　责任编辑:倪颖生　王爱菊
责任校对:岑红宇　　　责任印制:梁东兵　　　封面设计:吕宜昌
出版发行:安徽科学技术出版社　　　　　http://www.ahstp.net
　　　　　(合肥市政务文化新区翡翠路 1118 号出版传媒广场,邮编:230071)
　　　　　电话:(0551)63533330
印　　制:唐山富达印务有限公司　　　　电话:(022)69381830
(如发现印装质量问题,影响阅读,请与印刷厂商联系调换)

开本:710×1010　1/16　　　印张:12.5　　　字数:225 千
版次:2023 年 4 月第 2 次印刷

ISBN 978-7-5337-7475-2　　　　　　　　　　　定价:48.00 元

序

20世纪60年代,当中韩棋坛仍一片荒漠之时,日本棋坛却烽火连绵,"名人战""三强战""特别棋战"等新闻赛事将棋局与媒体报道相融合,不断提升围棋赛事的社会影响力及关注度。各大棋战中巨星闪烁,禅师吴清源、平民流高川格、半仙半田道玄、剃刀坂田荣男、怪丸木谷实、天才桥本宇太郎、重型推土机藤泽朋斋等众多棋坛巨匠在棋战中不期而遇,相互碰撞迸发出光彩夺目的时代火花。其中许多对局成为当时日本棋坛的时代坐标,标志着日本近代围棋的巅峰高度。

本书收录了一些日本当时最引人瞩目的经典对局,每局棋谱有吴清源大师的点评详解,反映出弈者在激烈对抗中的着法技巧、心态意境及进退得失。局中许多华丽的新手着法及实战技巧,历经半个多世纪的冲刷,不仅没有被时代淘汰,反而成为现代围棋的本手和常法,并被现代棋手所沿用。

时代需要巨星,巨星是时代的坐标。当我们掩卷合目通过时光隧道回到五十年前,重温日本围棋超一流棋手的一招一式时,我们会深切地感受到弈者强而有力的时代脉搏,感受到巨星们从那个并不遥远的年代向我们走来的脚步声。

《吴清源精湛棋艺赏析》一书,收录有12局棋。对弈过程中,大师对围棋理解深刻,剖析透彻明快,代表了一个时代的最高水准。我们对原作棋谱出现的错误进行了勘正,对文字进行了润色,以期使本书更贴近时代、贴近读者,便于读者深刻领会。对一些梦想成为围棋高手的人,书中的围棋艺术精髓将启迪其天才的灵感,提高其驾驭全局的作战能力。总的来说,本书是一本珍贵的有历史底蕴的围棋实践教科书。

围棋浓缩了宇宙精华,自然表现阴阳的变化,它是一部迄今未被破译的天书。本书将开启智慧之门,怀念大师、学习大师,让读者在围棋天地里留下一片属于自己心灵的感悟。对人类而言,围棋的变化可以说是无限的。人类虽然积累了几千年的知识,眺望远处依旧是烟雨茫茫,不知地平线在何方。可是回观自己的立足点,可以看到我们是站在巨人的肩上,因为吴清源是现代围棋之父。

这里，对有缘翻开本书的人赠一秘诀：打一遍棋谱，心中默想两遍，久而久之，功到自然成，灵感瞬间产生——这就是熟能生巧。"熟"是理解的基础，"巧"在实践中提高，读者不妨一试。在本书出版之际，对前辈围棋翻译者表示真诚的感谢，正因为他们的付出，才使读者有机会直接用中文阅读，少了许多理解上的障碍。

业余时间，我会在新浪围棋网上下围棋，网名叫"大侠剑客"。我喜欢下20分钟以上的慢棋，这样有思考的过程，才有棋的味道；这样从容不迫地一步一步手谈，方能追求棋的境界，凡在新浪围棋网上七段、八段的业余高手，真诚切磋棋艺，并在我博客（liuqiansheng2009@sohu.com）上留言的朋友，我都会寄上一本《吴清源精湛棋艺赏析》与其共赏。以棋会友，其乐无穷，决胜千里，从容谈兵。

"君子之交淡如水""人生何处不相逢"。本书的出版，得到了武汉教学仪器厂的同事李兵、武汉市第九中学的同班同学帅业和、华中师范大学后勤保障部的同仁刘小燕三位人生挚友的通力支持，同书著出，略表寸心。

最后，谨在此向所有为本书付出辛勤劳动的人表示真诚的谢意。

刘乾胜（于桂子山）

目　　录

第1局　日本第一期名人战

黑方　吴清源九段　白方　高川秀格九段

（黑贴五目　共233着　黑中押胜　弈于1962年5月14、15日）

吴清源　解说

第一谱　1—53

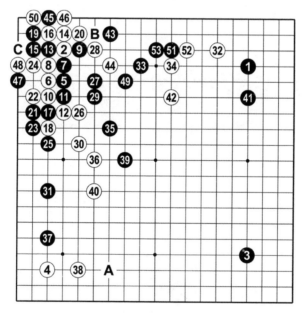

图1-1　实战谱图

　　图1-1　白2、4这样构图，最近很流行，创始人是坂田本因坊。白26只此一手。

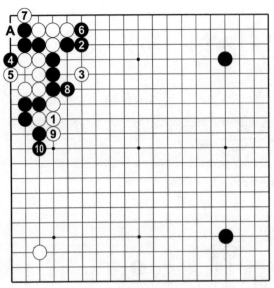

图 1-2

图 1-2 白 1 接是恶手,黑 2 长,白 3 点,黑 4 扳妙手,以下至黑 10 止,角上黑在 A 位有劫,白要补棋。

谱中黑 27 是要点。白 28 也是仅此一着。至黑 31 为当今流行定式。

白 32 挂角有预谋,普通的着法是在 35 位飞。黑 33 是攻防要点。

图 1-3 黑如在 1 位跳,白 2 飞攻是攻防的要点,双方战斗至 12,黑明显苦战。

围棋风格 1 轻轻地落子于右上角,不惊动一只昏鸦。高川格的棋可以算是日本昭和时期超一流棋手中最不具备力量的了。"流水不争先"是他的风格。

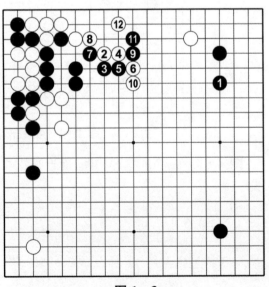

图 1-3

图1-4 白1走双飞燕，至黑8是定式，但白形单薄。

围棋风格2 "高川的拳头打不死蚊子。"剃刀坂田荣男曾开玩笑说。但正是这位"连蚊子都打不死"的棋手，创造了本因坊历史上的九连霸伟业。

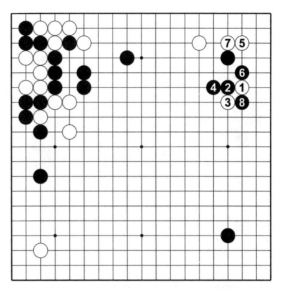

图1-4

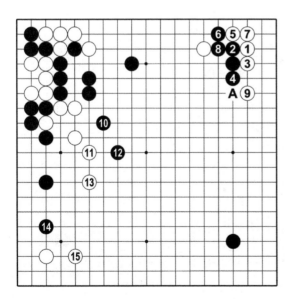

图1-5

图1-5 白1点角，至白9为止，黑是先手定式。黑10攻，白11、13逃窜，黑今后有可能于A位压，造成大形势。

实战中黑35是彼此攻守的要点。白36也是当然之着。黑37是既开拆又挂角的好点。白38如在"38位上一路"飞，则黑于A位拦，成为好点。黑39攻击，颇为适当。

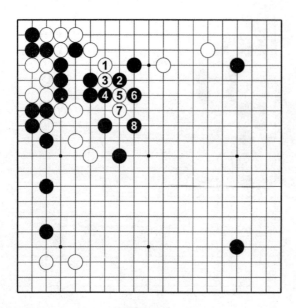

图 1-6

图 1-6　白如 1 位尖断,则黑 2 尖防守,白 3、5 冲断,以下变化至黑 8 枷,白两子被吃。

谱中白 42 是好手,这正是高川氏的棋风,如此镇静的态度,给黑棋以莫大的威胁。黑 43 是早已预定的狙击点。

棋　景

职业的棋艺和棋迷的游戏,都可以成为他人的风景线。

图 1-7　白棋若脱先,黑有 1 位扳的手段,以求 A 位断后盘渡,白 2 打阻渡,以下至黑 5 成劫,白方受不了。

谱白 44 反击,黑 45 是不可错过的次序。白 46 如于 B 位接,则黑于 47 位点,白 48 位挡,黑在 C 位紧气吃白。黑 49 防守后,白 50 提,防黑做劫。

黑 51、53 托退,这是防白在 53 位尖搜根。

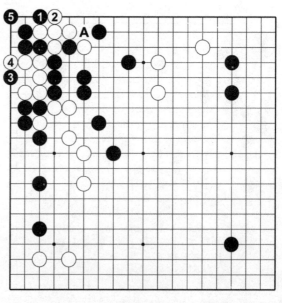

图 1-7

第二谱　54—105

图1-8　白54绝不肯于56位接,今立一着,下一步可于A位破眼,不如此棋就没有劲。黑55是先手利,白56只好接。黑57补角,使上边白棋不得安宁,远远地应援左面的薄弱黑棋。

棋　范

围棋文化是中华文化里最瑰丽的一朵奇葩。

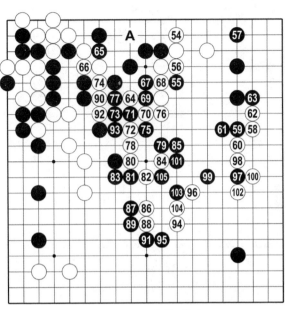

图1-8　实战谱图

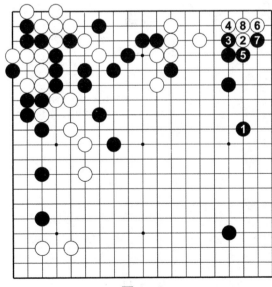

图1-9

图1-9　黑1大飞,虽系大场,但白2立即点角,此时黑棋只有3挡、5曲,至白8接后,白棋已经安定,而中央的黑棋单薄。

谱白58逼,挑衅,黑59、61靠压出头。白62长时,黑63不挡,而是反击——

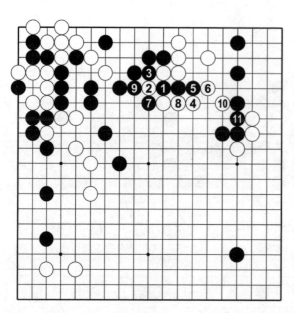

图 1-10

图 1-10 黑于1位冲断，白2挡，黑3断，白4枷至8是常见的手筋，白10虎后，黑趁机11接，白棋形状不好。

围棋风格3 作为日本历史最悠久的新闻棋战，尤其"本因坊"这个代表着日本围棋四百年光荣与历史的名字，对高川格的记录只能用"伟大"两个字来形容。

图 1-11 白在4位虚枷是步好棋，以下进行至白18做活止，黑棋在中央无封锁白棋的好手，形状也不够整齐，黑棋不能满意。

所以实战黑棋不敢冲断，走了黑63位的挡。白64以攻代守，黑65先手挤，应保留，原因以后再述。黑67觑，白68接，以下至73为必然之着。白74冲，此时黑不能于90位挡。

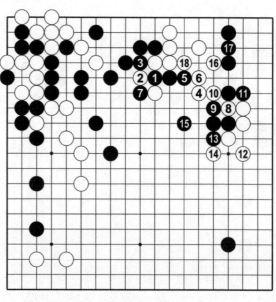

图 1-11

图 1-12 黑棋如果
1位挡,则白2、4打断,黑
5打,白6长,由于气紧,黑
不能于A位断打。若黑5
在6位打,则白于5位长,
黑A位粘后,显然黑▲与
白△交换是恶手。

如果实战中黑65不
与白66交换——

棋　颜

昨夜敲棋寻子路,今
朝对镜见颜回。

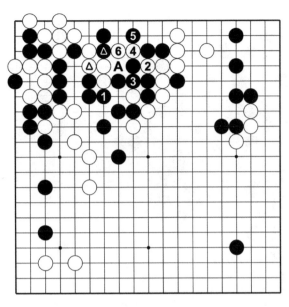

图 1-12

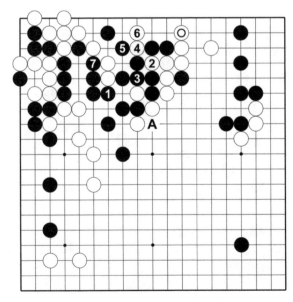

图 1-13

图 1-13 黑1挡
后,白2、4冲断时,黑5弃
两子,从这方面打,再7位
挤,形状甚好。在这种情
况下黑牺牲两子,使白◎
子成为废棋,并且尚留有
A位的断点。

所以谱中黑77接,白
78长,黑79尖,中央形成
了混战。黑81扳是作战
要领,待白84虎时,黑85
长顺调。白86跳,黑87
靠时,白88长,冷静。

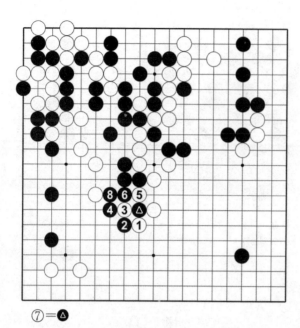

⑦＝△

图 1－14

图 1－14 白棋如果强势于 1 位扳，此时黑 2 反扳，黑 6 打时，白棋无劫材而粘上，黑 8 接后，已经影响到左边白棋。

谱中的黑 89 是恶手。

棋　美

圣洁的棋盘，精美的器具，活力四射的棋子，开放的天地，自由的灵魂，这就是围棋的天空。

图 1－15 黑棋应走 1 的着法，救出上面六子（因为有了黑 1，黑走 A 位是先手，白如 B 位冲，则黑可 C 位长），此时白也只好 2 关，黑从 3 走到 7，借以攻击中腹白棋，如此是黑好。今谱中 89 后，被白 90 冲，黑棋颇为难受。

黑 91 扳虽是与 89 相关联的势所必然之着，但不是好棋。

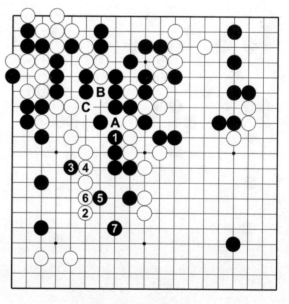

图 1－15

图 1－16 黑棋应走 1 的着法,救出六子,即使白 2、4 来切断,黑 5 做活,白 6 后,黑走 7、9 逃出,进行战斗。总之,应当使左边的白棋薄弱起来,棋才有味。

实战中,由于 89、91 两着恶手,黑棋的形势大为受损。白 92 先手擒获六子,好。由于吃到黑六子,白不但实地不小,而且左方白棋得以安定。

此后,黑棋不得不向中腹与右边的白棋进行猛烈的攻击,以图补偿左上部丢的十五目,同时让白棋遭到一定的损失。

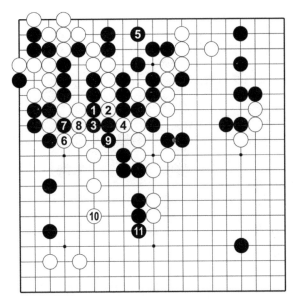

图 1－16

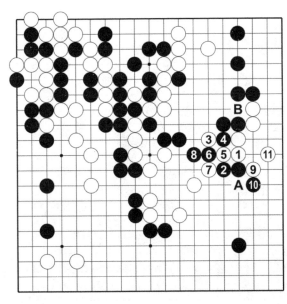

图 1－17

谱中黑 97 是攻击的要点,是期待已久的。白 98 并是形。黑 99 应上长——

图 1－17 白 1 顶,黑 2 上长,白 3 必跳出,但黑 4、6 冲断则操之过急,因白 9 扳、11 虎后,黑有 A、B 两处断点,不能兼顾。

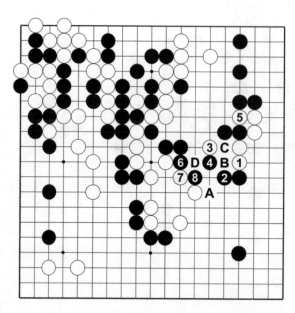

图 1-18

图 1-18 白 3 跳时，黑 4 尖是以柔克刚的好棋。白 5 冲，黑 8 以后，白如 A 位长，则黑 B 位接，白左右为难。如果图中白 5 在 C 位接，则黑 D 位长连通，如此白上边必须补一手，黑就可先手对中央的白棋施以强烈的攻击。

实战黑 99 关后，被白走 100、102 两着，白棋在右边获得相当地域，完全走好，这对黑来讲是不能满意的。黑 103 原来的目的在于攻击中部白棋，但结果至

105 为止，仅仅吃白四子。

白棋在这里把损失降低到最低限度，而且还保持着先手，这个战役，也算白棋巧妙地腾挪成功了。

第三谱
6—62（即 106—162）

图 1-19 白 6 是绝好点。棋到这里，白形势见好。黑 7 只好如此先长一手，除此以外，别无良策。白 8 做活稳健，此处活出白棋已有胜望。黑 9 因为看到上边白棋

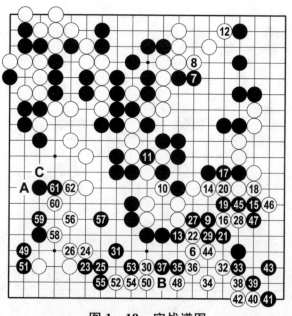

图 1-19 实战谱图

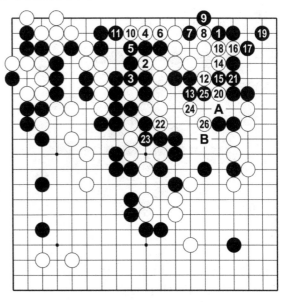

是活的,所以转向他处,但这步棋走得太早。

图1-20 黑应走1位并,搜刮官子,至白6占些便宜,白棋虽然脱离困境,但仍未干净,而黑棋得到角地,也颇合算。图中的黑7以下不必走,如果接下去黑7点眼,至白14仍是活棋,倘若再走下去,黑15挤眼,以后白有24、26两步好棋,黑仍劳而无功。因为此后,黑A位提,白可于B位长而逸去。

白12尖好,活净且目数也不少。

黑15是严厉之着,下

图1-20

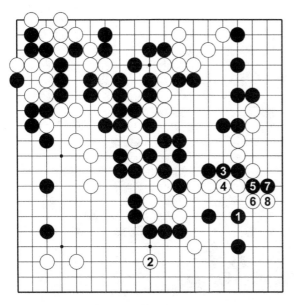

图1-21

一步就打算17位接。本来黑15应如——

图1-21 黑1关才是正着,但唯恐白2走大场,以后黑3接、5断也无功效。

实战中,白16是最强的手段,巧手。黑19如按——

围棋风格4 围棋之道,薪火相传。在本因坊战的历史上,一代代棋手推陈出新,超越前人,站在新的巅峰。

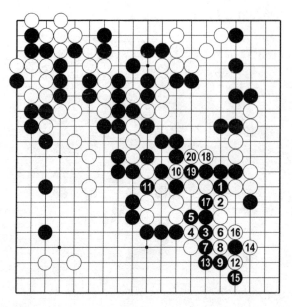

图 1-22

图 1-22 黑 1 如冲,结果成劫,这个劫白棋轻,因为白在角上已有所获,这个劫败,还可在别处多走两手,所以黑不划算。

谱中白 22 所以敢如此走,是不惧黑断。黑 23 是 27 断前的准备工作,准备于 27 位断吃白二子后,将下边黑空做得更大一些。白 24 如改在下面扳——

棋 梦

编织过梦,也粉碎过梦,我们制造欢乐也酝酿痛苦。

图 1-23 白 1 扳,黑 2 连扳,然后走 6、8 求转换,如此结果下边黑地虽然削减很多,但角上利益甚大,黑棋不坏。

实战白 24、26 一扳一接,是想将左面走坚实后,再在黑下边打入。黑 27 虽然断下白二子,但这两个白子黑一时吃不净。

白 28 很大,且试黑应手。

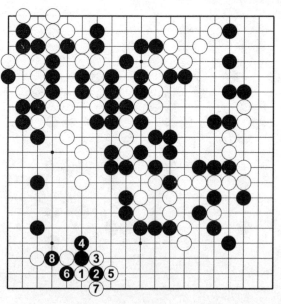

图 1-23

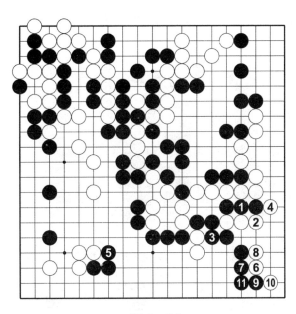

图 1－24 此时黑如 1 位接，则白 2 长、4 打，于是黑 5 曲，下边地域很大，白走 6 到 10 得角，告一段落。如此黑角虽被侵，但还是细棋，形势就变成胜败不明了。

实战中，白 30 飞位置好，此处三个白子很难被吃掉。白 32、34 好形。

黑 37 冷静，此手如在 38 位立，则白于 48 位扳成活。黑又如于 48 位立，则成图 1－25 的结果，图中白仍是活棋，黑无好处。

图 1－24

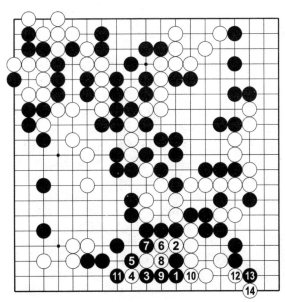

图 1－25

白 38 以下至白 44 为止，下边白棋已活净，此时，白棋优势。白 44 次序错误，应先于 48 位扳，黑挡后白再 44 位做眼。此后黑必须 45 位接，因为此处很大，黑绝不肯放过。接下去白于 46 位扳，黑 47 位曲后，转向 A 位打入，必然形成图1－26的变化。

图 1－25 黑 1 若立下破眼，白 2 冲，黑 3 托，白 4、6 好手，黑 7、9 防守，白 10 是先手，以下至白 14 扳仍可活棋。

棋　情

棋迷之间的友情自不待言，而国手之间因为棋

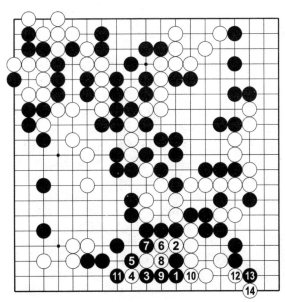

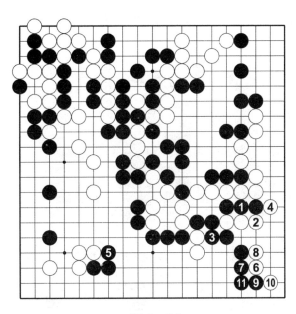

吴清源
精湛棋艺赏析

013

局而产生的情谊却远远超越棋局,甚至成为一种传奇。

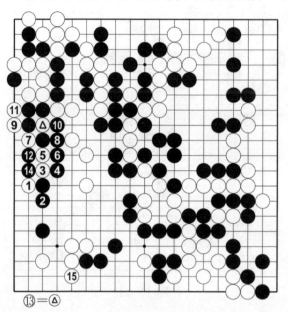

⑬＝△

图 1－26

如上所述,白 50 只好立,以穿破黑空,但黑棋就在这里抓住了胜负转折的关键。本来是白棋优势,所差究属微细,现在经过这一转折,胜负就要易位了。黑 57 形状好,且是先手。至 62 为止,中盘战斗结束,下谱开始收官。

第四谱
63—133(即 163—233)

图 1－27 黑 67 与白 68 是大官子,两者

图 1－26 白 1 托,黑 2 只有退,白 3 至 11 盘渡后,黑 12、14 也只有放弃三子,转换白两子,此时白争到 15 立,这个局面,很明显是白棋好。

实战中,白 48 扳时,高川估计黑棋必定于 B 位应,谁知黑 49 灵机一转,在左下角小尖,打消了白 A 位托的手段,有了黑 49,白再 A 位托,黑便可于 C 位长。白 50 如于 51 位挡则损,因为挡后,黑棋便成先手补。

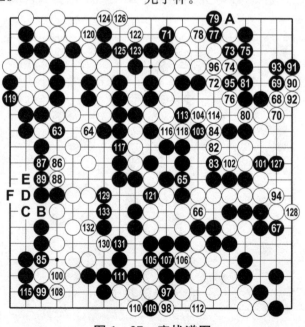

图 1－27 实战谱图

必得其一。黑71较于72位退为便宜。

黑79想过头了,不如于A位提。黑81如于90位立,可多得一目,原因见图1-28。

图1-28 黑1立后,白如2挖、4接,虽属先手,但黑可于5位提来补去角中弊病,如果黑5补在其他位置,就损一目,则1立与谱中81即相同了。以下白6如果点入,至黑9为止,角中没有棋。

图1-27中,白84应于B位冲,以下黑C、白D、黑E、白85位挤、黑F位提,白先手得利。等到黑走完85后,黑胜利已见。白120大,白122妙!黑133后,白棋认输了,但局后收完官子,算一算相差不过三目。

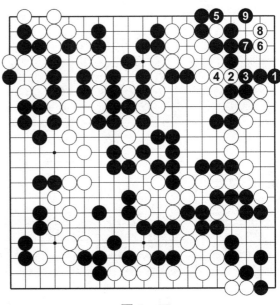

图1-28

围棋的本质是什么?是竞技,是游戏,是文化?众说纷纭,一位老者说:"围棋是中和。"

吴清源大师,现代围棋之父,他的传奇故事被奉为弈坛经典,为无数棋士的偶像。"昭和棋圣""十番棋之王""百年一遇的天才"……无数光环笼罩之下,大师仍是一副从容淡定的神情,一颗平常修禅之心。

第2局 日本第一期名人战

黑方 藤泽朋斋九段 白方 吴清源九段

（黑贴五目 共232手下略 黑胜八目 弈于1961年10月25、26日）

吴清源 解说

第一谱 1—26

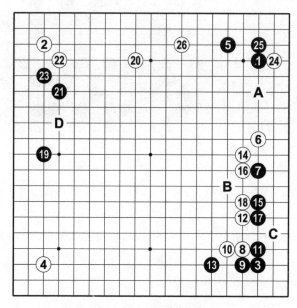

图 2-1 实战谱图

黑1、3这样的布局，是藤泽九段爱用的下法。

白6分投。按布局常识来讲，白8应于A位拆二，但黑在右下边扩张模样后，白稍有不满，故实战白8肩冲是积极的战法。黑9如果于11位长——

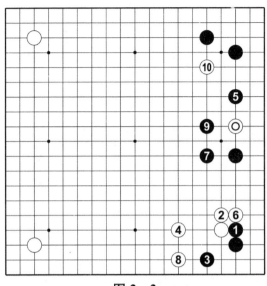

图 2-2

图 2-2 黑 1 至白 4 为定式，以后黑 5 夺白根据地是好点，白 8 位关拦，黑 9 镇后，白 10 镇，准备弃去◎一子。

实战中，黑 11 如于 C 位飞，虽是定式，但在这里看来并不够紧凑，白可争先于 A 位拆便好。今黑 11 曲好，使白 12 不能脱先。

黑 13 跳出是好点，白 14 采取封黑于内的战法。黑 15 如于 B 位飞——

图 2-3 黑 1 飞后，白有 2、4 跨断的好着，至白 12 为止，白棋不仅达到了封锁黑棋的目的，而且外势甚厚。今实战黑 15 拆一，好着！白颇难应付。

图 2-1 中，白 16 不得已，此着如于 17 位立下阻渡，黑即 16 位分断白棋。黑 17 不宜于 18 位长，否则成——

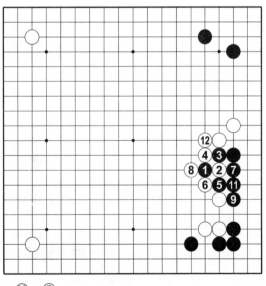

⑩＝②

图 2-3

图2-4 白4以后还可于A位冲断。黑如于B位断,则白于C位打,弃去一子甚轻。所以黑1是有疑问的。

图2-1中,至白18止,右边告一段落。此处交锋结果,白虽得外势,但黑实利很大,且是先手,黑棋可以满足。

黑19是绝好的大场。白20不佳。

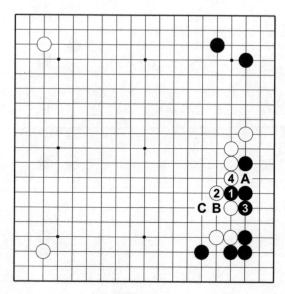

图2-4

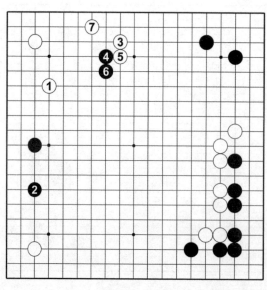

图2-5

图2-5 白应于1位大飞,到白7为止,白方具有攻势。

实战中,黑21飞拆好。白22采取尖应,准备将来从D位打入。

棋绎

唯有洞穿,棋局的资深棋迷,才敢演绎如此浪漫。

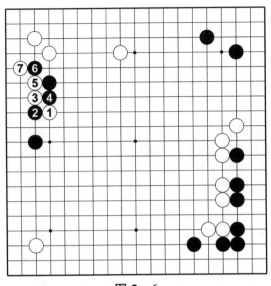

图 2 - 6

图 2 - 6 白 1 打入至白 7 为止,结果可将黑棋分断。

实战中,黑 23 识破白计,亦以尖补。黑棋走了这着之后,白棋难以应付。

围棋沉钩 1 围棋爱好者们期待的吴氏与藤泽库之助九段的对局,《读卖新闻》上有报道说:尽管吴氏随时准备应战,但是因为藤泽九段根本没有出场的想法,所以不能实现。

图 2 - 7 白 1 靠,则黑 2 扳至 6 为止,以后黑棋可以 A 位大飞侵入白地,白棋如果防黑侵入而于 B 位补,则又失去先手,大势方面便落后。

实战中,白 24 托试应手,黑 25 稳健。

围棋沉钩 2 《读卖新闻》上登载这样的文章,谁不生气呢?很快,库之助先生在《棋道》杂志上对《读卖新闻》的无礼行为进行了反击。

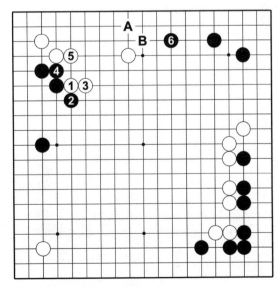

图 2 - 7

图 2-8 黑 27 攻入,颇为厉害,白棋竟无适当的应手。

围棋沉钩3 "不用说十局棋,就是二十局、三十局我也没有问题。"接下来是"到底谁无礼?""无礼者,读卖也!"这样的舌战,事情弄得越来越复杂。

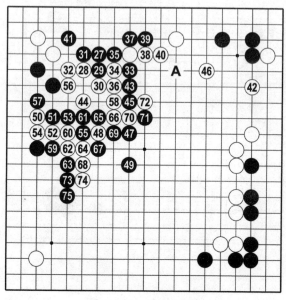

图 2-8 实战谱图

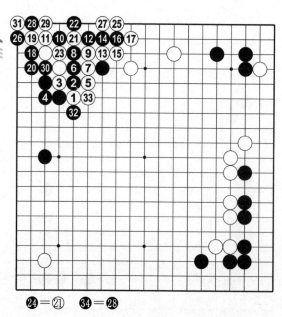

㉔=㉑ ㉞=㉘

图 2-9

图 2-9 白如 1 位压,则黑 2 扳出。双方战斗至黑 34 提劫,白无适当劫材。

所以实战白 28 只好飞。黑 29 当然之着,黑 31 曲急所。白 32 不得已,黑 33 好点。白 34 挖是唯一的一着,以下至白 40 为必然变化。黑 41 补,此处黑棋活得不小,可谓成功。白 42 如于 44 位虎,再深入研究一下,白势必于 50 位攻入。

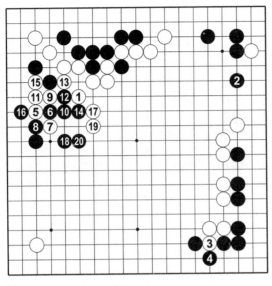

图 2-10

图 2-10 如此形成至黑 20 为止的转换，白不佳，因为右下角为了引征关系，即白 3、黑 4 所做的交换白已受损，如果不做交换，则图中黑 14 便可于 15 位紧吃白三子。

实战中，黑 43 长有力量，白 44 被迫应战。黑 45 再长，真是顿佳，而且下一步就有于 A 位虚枷的严厉之着。白 46 只好忍耐。黑 47 也是要点，倘使被白所占，黑棋便受逼。黑 49 关，竟然不中白计，是强手，也是一步好棋，贯彻向中央立足的策略。如果白棋攻入左边，就不惜一战，对以强硬的态度，这种地方也表现出藤泽九段的真本领，倘使看不透，或者对战斗缺乏自信心，就不敢走这着。

到此地步，白棋当然也只有 50 位攻入，除了在这里作战，一争胜负之外，也别无良策了。黑 51 只有压。白 52 扳后，黑棋如于 54 位断——

图 2-11 黑 1 断，白 2 打，黑 3、5 从下面盘渡，这是下策，况且黑棋还有贴目的关系，这样走嫌弱。

实战的黑 53 立起，是非常强硬的态度，黑方看到白角尚无眼位，打算把它纠缠在一起作战。白 54 接总

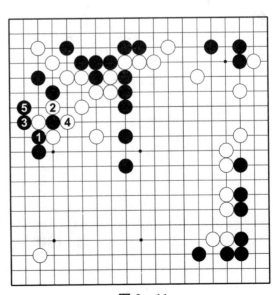

图 2-11

算破了黑地,但角上白棋比较难走,这也是事先所预料到的。

黑 55 尖出时,白 56 总算得到一只眼,而且紧了黑棋的气,从这两种意义上来说,此处白棋可以认为走出了困境,但黑棋走到 57 这一步棋,也可以满意。

白 58 是摆脱困境的唯一要点。黑 59 从这方面紧围,是巧妙的手段。白 60 至 62,是必然之着。黑 63 亦可于 64 位长。

图 2-12 到白 10 做活以后,黑有 11 至 15 的着法,将来再下 A 位,白眼位不全。

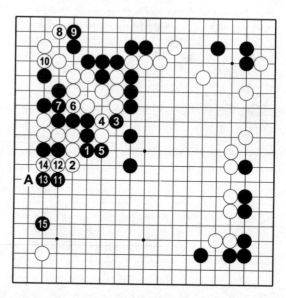

图 2-12

今谱中黑 63 扳起至 67 打,当然也不坏。白 68 不能在 69 位接,否则黑便于 68 位封吃白子,所以只有曲出。黑 69 提一子,可以满足。

白 70 冲、72 断吃到黑三子也得到安定。此时黑三子逃不了。

图 2-13 黑 1 如果逃,到白 6 为止已围住黑棋。白 6 虽可于 16 位扳,但不及长有利。以下黑虽可运用 7 至 17 的手段,在上边做成一些空,但是后手,而且当中又多送掉三子,颇不合算。

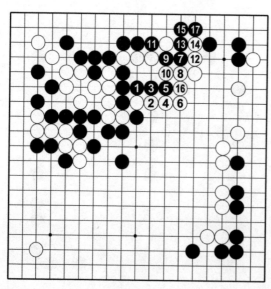

图 2-13

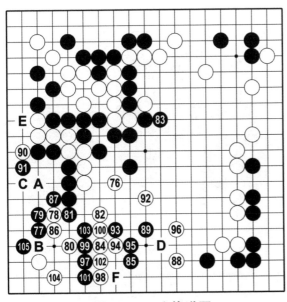

图 2 – 14　实战谱图

实战的黑 73、75 在这边又多少做得一些空。

第三谱　76—105

图 2 – 14　白 76 跳是要点,黑 77 拦,这里已成为新空。白 78、80 是良好的次序。黑 81 若不补,被白棋在 A 位攻入,黑棋颇为难受。白 82 虽是正着,但被黑走到 83 位后,白地便感不足,所以说白 82 嫌老实。

图 2 – 15　白应 1 打、3 长,先把中间的白空做得大一些,这样一来当然会遭受黑 4 以下的猛攻,白棋相当苦,但这是在预料之中,因为白棋如不走此着法,就不能争胜负。

实战中,黑 83 长后,中央白棋的形势就此消失。局势也简单明了,黑棋优势已十分明显。白 84 后,白棋已经安定。黑 85 尽可能广阔地开拆。

白 86 的用意,是准备下一步于 B 位整角之后,就打算在 C 位点吃黑棋。

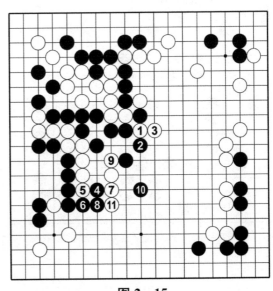

图 2 – 15

图 2 - 16 白 1 点入可以吃到黑两子,但黑在谱中 D 位又可成空,结果白地不足。

所以实战白 88 只好先行攻入。白 90 扳与黑 91 交换后,白 92 总算使中央黑棋失去通连,以后白棋可在 E 位曲威胁黑棋眼位,同时还有 C 位一夹之利。

黑 93 觑是与 89 相关联的一步要点。白 96 只好关起作战,以决胜负。但是——

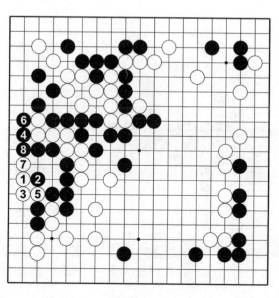

图 2 - 16

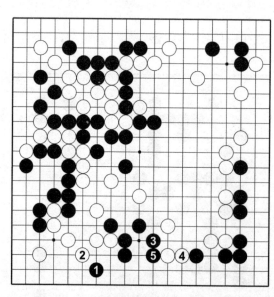

图 2 - 17

图 2 - 17 黑棋仍有 1、3、5 后很舒适的做活手法,如此,白地也已不够。

实战黑 97 是早已预定的狙击要点。白 98 也只好跳求战。白 102 最后的错着——

棋 空

四大皆空,坐片刻各奔西东;纹枰有路,对一局平分天地。

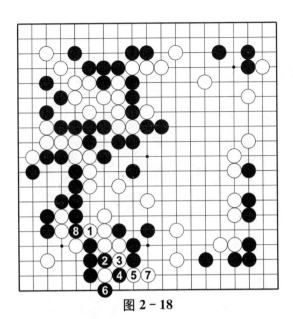

图 2-18

图 2-18　当然白棋也不能按本图着法走，从白1至黑8止，白角中四子被断吃。

围棋沉钩 4　之后，双方达成和解，开始了全民注目的十局棋搏争。最终，库之助先生输了。虽然每一局都进行了激烈的角逐，但藤泽还是未能避免过火的着法和臭棋，这是藤泽家族怎么也改不了轻率的毛病。

图 2-19　白应在1位双，到黑12为止的变化，黑必须收气吃白子，白棋官子也不吃亏，此时白可先手占13位，把中央的地域做得更大一些。

实战中，由于白102出错，被黑103连通，无须收气吃白子，白104再尖一着试一试，但黑105尖后，白角死定了。

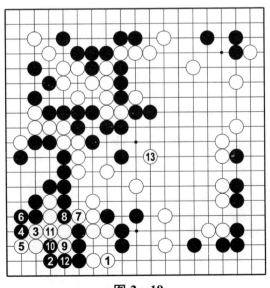

图 2-19

第四谱　6—132（即106—232）

图 2 - 20　白 6 现已搜去黑根，黑 7 当补一手。黑 19 后，白如于 38 位退则非常危险——

图 2 - 21　因为黑棋有 1 位打出的着法，黑 9 断，白 10 只有曲，以下至黑 17 断后，白棋颇为不利，此后白 A 位虎，黑 B 位打，白 C 位粘，黑 D 位打，白 E 位粘，黑 F 位接，当中虽然做成双活，但左上角白棋已死，双活亦不成立，白棋虽吃掉右上角黑棋，但相距过大，

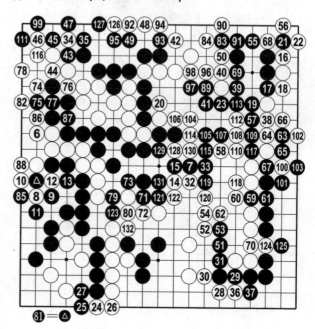

图 2 - 20　实战谱图

远抵不上损失。

此时白于 27 位并，黑 26 位扳，白棋虽能活角，但黑救出边上四子，白棋亦得不偿失。

白 28 托收官比较合算，但棋到这里，胜负已很明显——白棋无法挽回败局。

图 2 - 21

第3局 日本第一期名人战

黑方 吴清源九段 白方 半田道玄九段

（黑贴五目 共 175 手 黑中押胜 弈于 1961 年 11 月 20、21 日）

吴清源 解说

第一谱 1—40

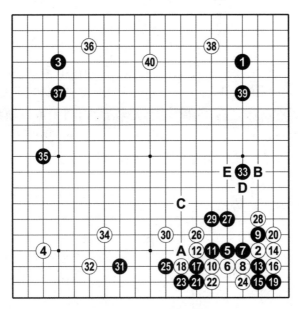

图 3-1 实战谱图

图 3-1 白 10 之后，黑 11 长压，必然形成大雪崩型的定式，近来很多人认为大雪崩定式对黑不利，所以黑棋不愿采用这个定式。（我认为这个定式对黑棋不一定不利，然而也不能就此肯定，目前还是在实践阶段中，所以我来试试。）

假如大雪崩定式对黑不利——

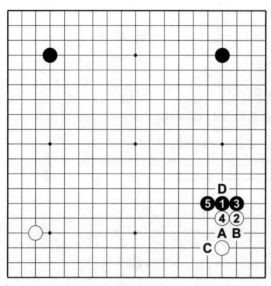

图 3 - 2

图 3 - 2　那黑 1 的二间高挂也不能下了，至 5 的定式，一般认为白方有利，所以黑 3 必须在 4 位压，以下成白 3 位、黑 A、白 B、黑 C、白 D，还原为大雪崩型，如大雪崩型又对黑不利？岂非即二间高挂对黑不利，现在大家都不敢走二间高挂，其原因想必就在于此。

实战中，黑 17 在这里先断一着，是极其重要的次序。白 18 从上面打，是与 16 这步棋相关联的，然后黑 19 曲，是很要紧的次序。白 26 长好棋，如果于 A 位接，难以预料有好结果。

黑 27 是攻守要点。大凡三子并列从中央关出，如谱中的形状，都是好棋。

白 28 是必然之着，白 30 也是绝对之着，如于 B 位拆，则此点为黑所占，白棋顿时窘迫。黑 31 拆二也是要点，到此为止是势所必然。

白 32 有三处可以下子，即 C 位、D 位和 32 位。白于 C 位飞，比较平常，黑即于 E 位拆二。白如于 D 位飞——

图 3 - 3　白 1 飞，黑 2、4 两压之后，便于 6 位挂角，将来黑棋还有 A 位飞压的手段，当中的数子白棋就有些不安定了。

实战白选择 32 位，这

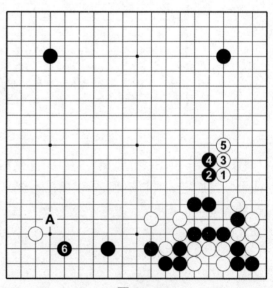

图 3 - 3

一步既守角又阻止黑方拆二挂角。黑 33 好点。

图 3-4 下一步黑即可于 1 位狙击白棋，白棋如继续不应，黑 3 至 7 止成宽气劫，此劫黑方是无忧劫，对白方就非常严重。又图中黑 3 扳后，白 4 如于 A 位扳，则以下黑 B、白 C，黑于 D 位渡过。

实战的白 34 按——

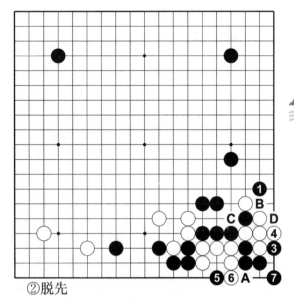

②脱先

图 3-4

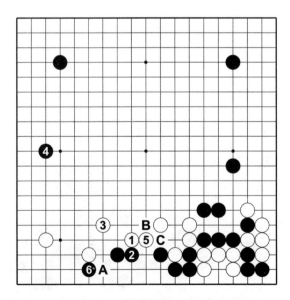

图 3-5

图 3-5 于 1 位觑，再 3 位小飞，都是俗手，因黑可以不应而脱先他投，白在此处亦无好着，即使再于 5 位连通，黑棋也有 6 位托的腾挪手段。如白 5 于 A 位尖，以下成黑 B、白 5、黑 C，白棋因气紧的关系显然不利。

实战中，白 36 是大场。黑 37 是普通应着。白 38 如按——

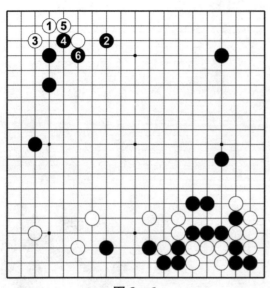

图 3 - 6

图 3－6　于 1 位小飞进角，黑即于 2 位反夹，以下至 6 虎为止，白棋似乎不愿下成这样的构图。

实战中，白 38 挂角后，黑 39 采用简易的应法。至白 40 围，布局到此告一段落。

棋　波

棋枰仍旧，开局却新，举手无悔似人生！新浪船头，千帆竞秀，博击风流。望彼岸，度劫波，情谊永久！

图 3－7　黑棋因有贴目的负担，所以采取强烈的手段于 41 位靠。白 42 扳是唯一之着。

围棋半仙 1　半田道玄这位名字像僧侣的棋手，1914 年生于广岛，和高川格同龄。他出于铃木为次郎门下，曾获得第 8 期王座、第 2 期十段、第 13 期王座优胜。

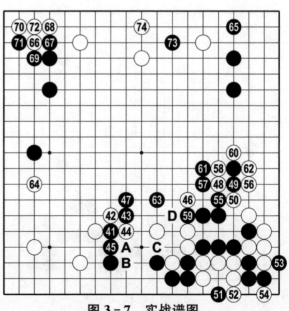

图 3－7　实战谱图

图3-8 此时黑如1位长,以下白有6位夹的一步好棋,至白10为止,黑棋不利。图中黑3如先于A位虎,则成图3-9的结果。

围棋半仙2 他是关西的实力派棋手,人称"半仙"。与其小小的个头相反,半田的人品和棋风都很豪爽大度。半田道玄一直未婚。

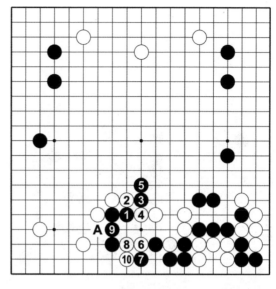

图3-8

图3-9 黑1虎,至黑13,下边尽成白地,虽然黑提掉白两子上面雄厚,但白实利太大,仍然是白棋好。所以实战黑43只有扳出。

白44如果在45位挖打,其变化如图3-10至3-13。

棋 篓

一颗痴心,两篓玉子,参透云天,肆酒快棋。

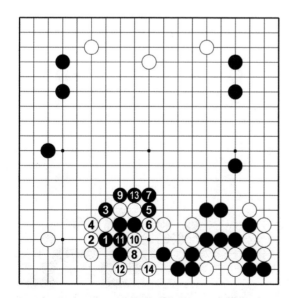

图3-9

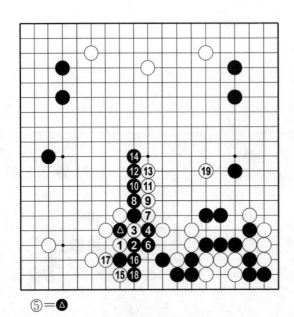

⑤=△

图 3-10

图 3-10 白1打后，黑2反打不好，以下至14止是必然的应对，白15夹、17后白于19位攻，这样的结果不能认为黑棋有利。所以白1打后——

棋　手

何谓先手？如果没有一击致命的效率，那么这先手往往是后手的始祖。圣人说："不敢言先。"何况凡夫俗子哉！

图 3-11 黑2应实接，经过白3、5之后，黑6先断一着，白7接，黑8也接，白9长，黑10飞罩吃白四子，至黑12关为止，黑12与黑6之断着相呼应，如此黑棋颇好。又黑6断时，白7不接而于8位断，则成图3-12的变化。

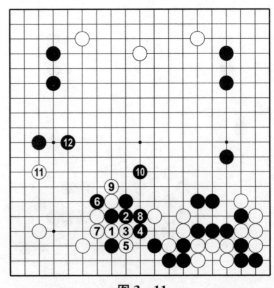

图 3-11

图 3 - 12 白7断后，黑棋就采取弃下边而取势的战略。黑 10 提掉一子，白 11 只有尖吃黑子，黑 12 先手，白 13 必应，以下到黑 18 为止，黑模样非常雄壮，此后黑于 A 位尖，还是先手。白 11 如改在 A 位关出——

棋 天

守方天世界，摆驰骋风流，描绘下棋的乐趣也。

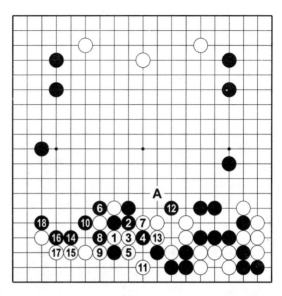

图 3 - 12

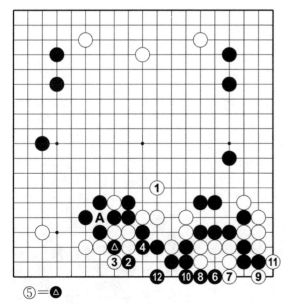

⑤=△

图 3 - 13

图 3 - 13 黑 2 以下在下边能够做活，而白 A 位之子被黑提去，价值很大，白棋亦不佳。

实战中，白 46 是要点，下一步既可于 47 位打封黑于内，又可于 48 位飞，两处必得其一。黑 47 不得不长。白 48 当然。此时黑倘于 50 位尖，白不可于 49 位冲——

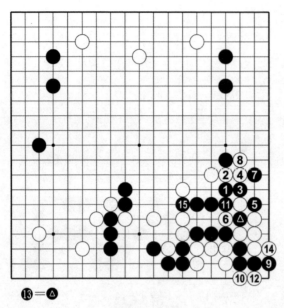

⑬＝△

图 3-14

图 3-14 黑1尖,白2冲过强,以下至黑15的结果,黑棋颇好。

因此若黑在50位尖,由于白于63位关,黑49位接,白A长,黑B挡,白C双后,白散子便成为齐整之好形。所以,实战黑49长是正着。黑51先点,时机不可错过。黑55断时,白56是唯一之着。白60除打吃两子之外,别无良策。如于D位挡——

图 3-15 至黑16止,白棋无理,因为黑棋已有眼位,而白棋只眼全无。

实战中,白62提干净,至63告一段落。此处的转换,粗看似乎黑棋便宜,但白棋提掉黑二子,又是先手,仍是双方两分。

白64是绝好大场,黑65是次级大场。白66点角,以下至72是定式。白74关保左边白空,下一步还可在73上一路托过。

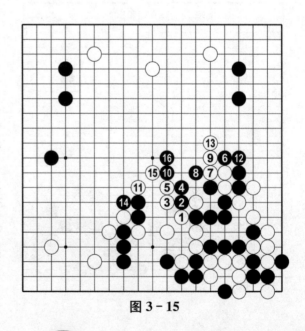

图 3-15

图 3 - 16 白若走 1 位压,则黑 2 长,至 8 止黑棋渡过,得到实利很大,白势虽好,但因下方中央黑势很厚,白再成势无甚作用。

棋　联

松下围棋,

松子每随棋子落。

柳边垂钓,

柳丝常拌钓丝悬。

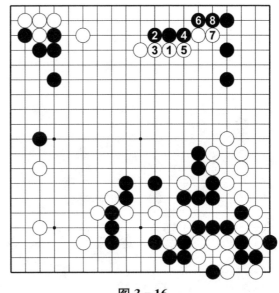

图 3 - 16

第三谱　75—115

图 3 - 17 黑 75、77 是场合手段。白 78 大着。

围棋半仙 3　半田道玄是铃木为次郎的徒弟,但实际上教导他的是关山利一。关山利一与半田都热衷于研究。半田道玄的棋风强硬,且十分擅长冷静收官,坂田就在与他对局的终盘阶段吃过亏。

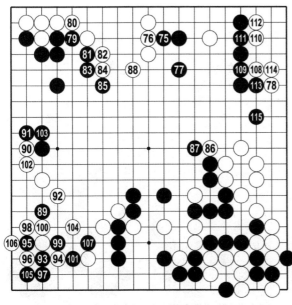

图 3 - 17　实战谱图

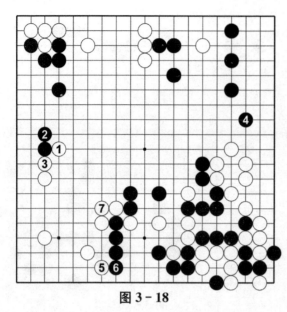

图 3-18

图 3-18 白若走 1 至 7 守左下隅，黑棋一先的力量仍然存在，棋局胜负，尚待争衡。

黑 79、81 都是为 89 攻入前准备的布置。白 84 至 88 都是与征子有关的攻守。黑 89 攻入，痛快之着。白 90 托，苦手。

图 3-19 白 1 若尖，黑 2 是要点，白只有 3 扳。黑 4 退后，白如 6 位接，黑可 A 位夹。白 5 虎，黑 6 断诱白走 7、9 两着，黑能立到 10 位，就可于 12 位渡，以后白 B 位长，黑 C 位补，至此，白角受黑侵削，黑棋可谓成功。

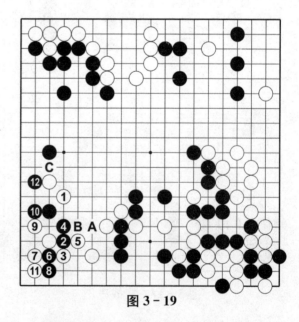

图 3-19

036

图 3 - 20 白 1 压,变化至白 9 关为止,左边黑地已破,因白 5 弃子的关系,黑又不能从 C 位跳出攻白,这样倒是白好。但黑 4 一着可以不渡而于 7 位断,以下白 A、黑 B、白 6 位、黑 C、白 D、黑 E,黑中腹成大空,仍是黑棋有利。

实战中,经过白 90 与黑 91 交换后,白 92 尖,黑棋就不能采用图 3 - 19 的走法,否则变成——

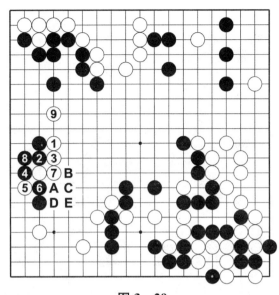

图 3 - 20

图 3 - 21 黑 13 托,白 14 扳下,双方变化至白 20 接后,黑棋断点太多,以后将不好行棋。所以实战黑 93 走"三·三"靠的要点。白 94 如于 99 位长——

一席手谈,风静波平看月明。

——陈祖德

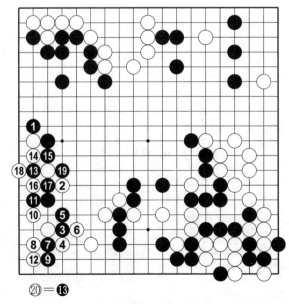

⑳ = ⑬

图 3 - 21

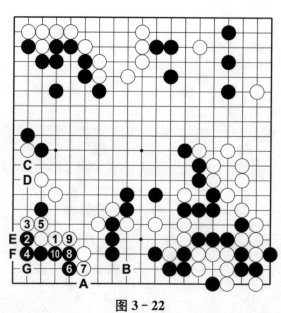

图 3 - 22

图 3－22　白1长,到黑10为止,黑虽活角,因有A位的先手,白留有B位侵入的手段,黑并不合算。因此图中白1长时,黑在C位打,白D位挡,以下黑2、白3、黑G、白E、黑F做劫。

实战中,白94扳、黑95扳均是要点。以后从96至101为止,是双方必然的应对。

黑107稳当。白108至112,是早在下78时所预定的步骤。黑115之后,胜负已定。以下进入收官阶段。

第四谱　16—75
（即116—175）

图 3－23　白16扳,不得已之着。扳后黑棋走实,但如不扳,黑棋有A位冲、白B挡、黑C夹的手段,角中白棋未活。

黑21坚实。白22意在借攻黑断处之弱点,向外出头。黑23是当时的大着,如不走——

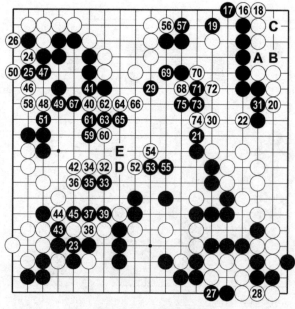

图 3－23　实战谱图

图 3－24　白1打至7,白棋得利很大。

白24打吃一子也获利不小。此处若被黑接回,相差十目以上。白26提后,就有46位夹的好处。白30向中央飘移出头。白32被黑于35位大飞,则黑可成很大的腹空。

对黑33,因周围都是黑棋,白棋不敢用强,故只好34退。黑35应于D位扳,白E位扳,黑再连扳,已很充分。白36如于42位退即松缓。黑37不可于42位断。

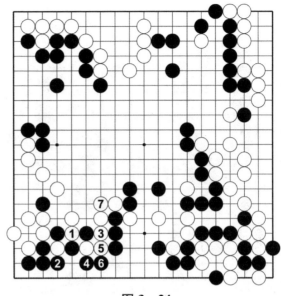

图 3－24

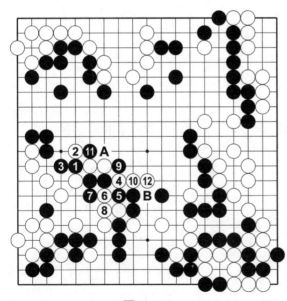

图 3－25

图 3－25　黑1断,至白12时,白有A位或B位两处吃黑子,黑不利。

实战中,白40好棋,白42接坚实。

白46夹与白40伏兵相呼应。黑47如于50位立。

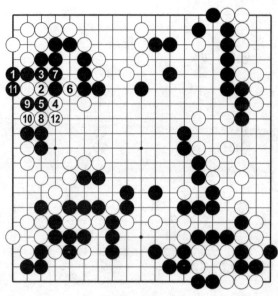

图 3－26

图 3－26 黑 1 立，至白 12 的变化，不但黑地有较大损失，更严重的是黑棋眼位也有问题。

实战中，黑 59 防守，以下官子已与全局无关。

目前盘面上，黑下边有七十余目，已可抵过全盘白空，黑多出右上边与左上边的空，有十目以上，贴出五目也已胜定。

吴清源是旷古绝今的围棋天才，其行棋的境界天下第一。他行棋灵活，感觉敏锐，中盘劫争、弃取、判断出众，在掌控棋局流向方面具有变幻自如的力量。

2014 年，在北京举办的吴清源百岁寿辰庆祝会上，物理学家杨振宁致词说，吴清源在围棋界的地位比爱因斯坦在物理学界还要高。

第4局 吴清源"特别棋战"对坂田本因坊第二局

黑方 坂田荣男本因坊 白方 吴清源九段

（黑贴五目半 共 186 手 白中押胜 弈于 1961 年 11 月 14、15 日）

吴清源 解说

第一谱 1—27

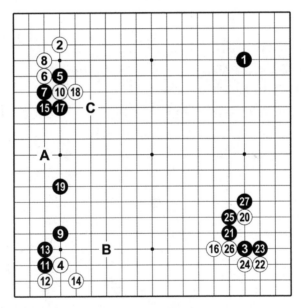

图 4-1 实战谱图

图 4-1 白 8 之后，黑 9 不在 10 位接，而于左下角挂是坂田得意的布局。

图4－2 他与高川格九段在"本因坊"赛中，曾走出此局面。那就是另一局棋了。

实战中，白10断，这样下的战例并不多，白10断后的变化见——

图4－3 黑1退好，白2压长是最严厉的一着，黑3扳必然，白4急断，引起对杀，是值得考虑的一手。黑7压，下一步可两面征吃白棋，白为兼顾两面，不得已只有8位断，先手照顾下面两子，然后10位关，

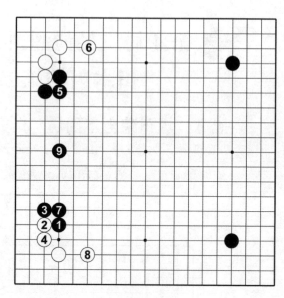

图4－2

救应上面的征子，如果上面征子白有利，则白8径于12位曲，吃黑三子。黑21、23好着，黑24如A位挺，经黑B、白C的交换，黑25一扳，白亦被擒。上述变化结果可以断言白4征子不利，不宜走。

黑11不走左边，而从下角着手，是一种设想。黑15先长，此后白如于18位长，黑A位拆二，白B位飞，黑即于19位补而围成边地，这应是黑下11时的原意。

白16高挂，与左上角征子有关。黑17如于20位应，白不拟在17位压，而打算于19位分投。白压后黑因白征子有利不能扳，则

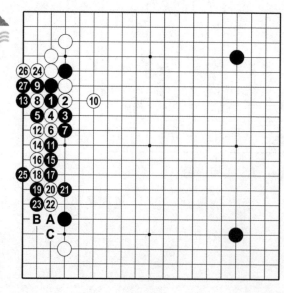

图4－3

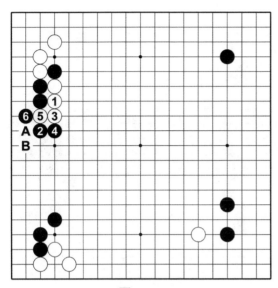

图 4-4

图 4-4 黑 2 跳,白 3 长,黑 4 挺,白 5 冲,黑 6 挡,如果白在 A 位断,黑因边上太空阔,可能弃两子而在 B 位打。

黑 17 及 19 使左边黑棋先成好形,下一步便可于 C 位跳扩张大势。白 20 再挂,此白棋能走得两手,可以满意。

白 22 不可省,此手亦是定式。黑 23 挡的方向好。至 27 告一段落,这一结果白稍有利。

第二谱 28—55

图 4-5 白 28 如于 A 位挂,则黑 B 位大飞,白 C 后,黑便占 31 位的绝好点。白 30 与 28 是关联的,为下一步 32 位立做准备。

黑 33 靠,好手!此着如于 D 位挡,则白 45 位扳渡,黑棋不利;黑 33 如于 49 位接——

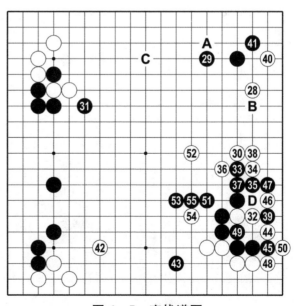

图 4-5 实战谱图

043

图 4－6 黑 2 如接，则白 3 曲、5 长，黑棋已无根。黑 6 如用强扳下，则进行至白 19，黑差一气被杀。

实战的白 36 当头打吃，痛快淋漓。

围棋对抗 1 1947 年 5 月发生了"围棋新社"事件，前田陈尔七段、坂田荣男七段等八个人脱离了日本棋院，成立了围棋新社。

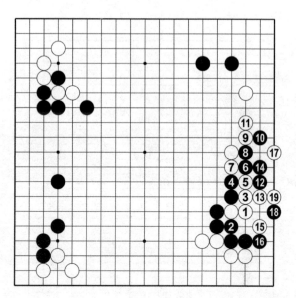

图 4－6

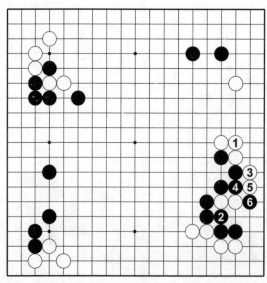

图 4－7

图 4－7 白 1 单接也是很好的下法，至黑 6 止，黑棋尚未活净，且白棋形状甚好。

黑 39 很难走，如果于 49 位接回两子，被白于 39 位立下，两面可渡，黑无味。谱中黑 39 顶，此处不干净。白 40 是好点。

白 42 如被黑抢占，黑左边形势太厚，难以侵削。黑 43 攻入，果断。

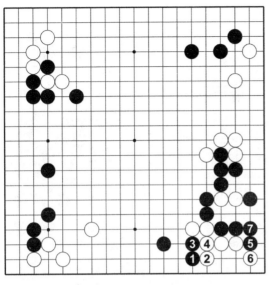

图 4 - 8

图 4 - 8 以后黑还有 1、3 的先手利，可在角上一扳一接，攻守自如。

实战中，白 44 不能放过机会。白 48 补，不可于 49 位断——

围棋对抗 2 其表面理由是，针对日本棋院的现状提出的改革方案没有被棋院上层采纳、确定，年轻棋手积怨已久。可处于那个时代，单靠围棋是无法生活的。

图 4 - 9 白 1 无理，结果被滚打包收。

黑 49 接，白 50 渡，双方必然之着。

如此交换后产生两个断点，黑如果想腾挪护断则应先断白棋——

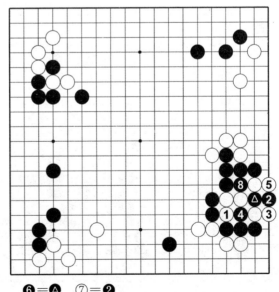

6=△　**⑦**=**2**

图 4 - 9

图4-10 黑1断腾挪,白2先打使黑棋走重,然后4位长出,变化至10位接为止,黑棋甚苦。

故实战黑不得已走51位补。黑53,坂田说曾考虑小飞一着,但——

围棋传递的快乐,正是中国文化追求的境界。

——陈祖德

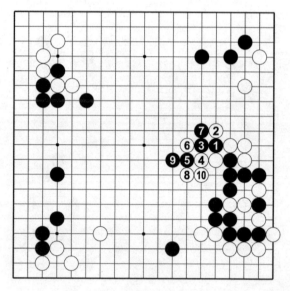

图4-10

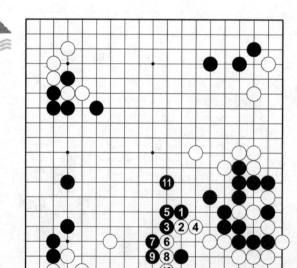

图4-11

图4-11 黑1飞,但又担心白2以下硬吃一子,心有不甘。我认为白2在9位夹更好,黑棋此处需再补一手,如果不补,白2位飞靠就严重了。

围棋对抗3 怀着远大的抱负独立出来的围棋新社很快就穷途末路,怎么努力也无济于事。

经典珍藏

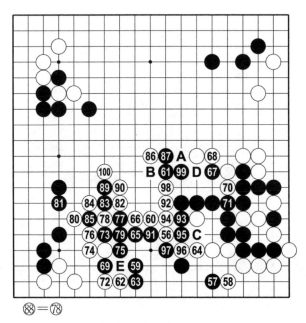

图 4-12 实战谱图

⑧=⑦

图 4-12 黑 57、59 先安顿下边。白 60 不但缓和黑棋于 95 位跨断的手段，下一步还可于 98 位飞封黑棋。

黑 61 疑问手，应于 99 位关，白 A 长，黑再于 B 位关，较坚实。

黑 63 挡也有问题。局后坂田说，此着应先占 64 位要点，白 C 位应后，再挡，次序才好。白 64 是双方必争的要点。

白 66 长，下一步准备 98 位顶，黑如于 D 位关，白即于 99 位挖断。

也印证黑 61 有疑问。

黑 67 预防白在 98 位顶，虽有凑白走实之嫌，也出于不得已。白 68 如果想强杀下边黑棋——

图 4-13 白 1 强杀，黑 2、4 好手连发，白 5 虽严厉，但至黑 18 止，黑终于活净。

故实战白 68 挡不愿让黑棋活净。黑 69 好点。

白 72 如于 E 位冲，经黑 75 位虎，白 72 位曲，黑 73 位打，白 74 位长，黑 76

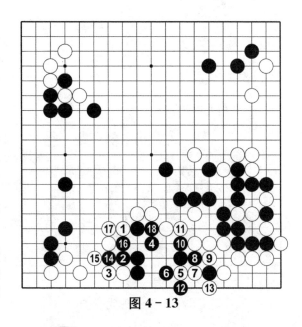

图 4-13

位再长,已顺利连通。黑 75 双虎眼位充分,正着。

黑 77 应于 78 位挺出方好,谱中虎出稍嫌随手。白 84 是好手,如于 85 位接,则黑 90 位打,再于下边做活,正遂黑棋心意。

黑 87 不应白棋而于 90 位打——

图 4 - 14 白 4 冲、8 断、10 接,形成胜负的决斗,至白 38 长,则 A、B 两点白必得其一。

实战中,白 90 强手。黑 91 如于上方出头,白即于 E 位吃黑一子,黑下边不活。

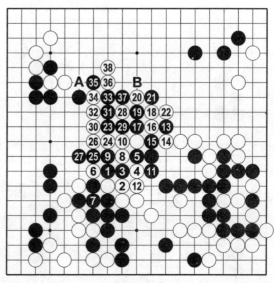

图 4 - 14

白 92 如实接,对黑棋没有影响,不好。黑 93、95 反击。黑 99 愚形也是不得已之着。

第四谱　1—86
(即 101—186)

图 4 - 15 白 4 至 8,利用打劫自然破除左边黑势。白棋每着寻劫之子,均连成好形,着法精巧。

黑 13 如于 A 位立,白即于 14 位断吃,黑 16 位打,白 15 位关入黑左边空内,黑大恶。

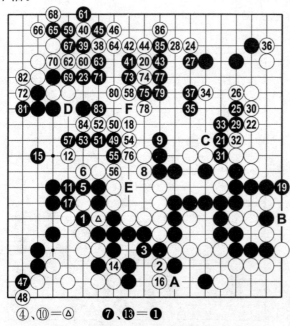

④、⑩=△　　❼、⓭=❶

图 4 - 15　实战谱图

白14断吃后,局面已占优势。目前盘面上左边黑空约二十目,可以与下边白地相抵,但左上角白棋尚多十余目。

现在右边白地较薄,但黑棋大块未活净,所以此处为争胜的中心。黑19立,其主要意图并不在于B位立吃白数子,而是准备22位攻入白地。

图4-16 黑1如果真攻入,白地虽然被侵分,但白16枷,白棋可以安全联络。

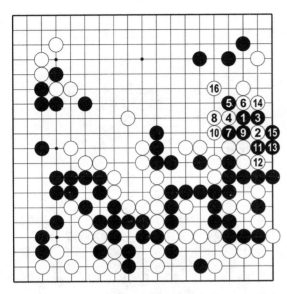

图4-16

段挑战的棋战。三局棋战最后以吴先生三连胜告终。

图4-17 白2尖时,黑3若顶,则演变至12爬,白亦净活。

故实战白20选择占上边大场。白22保证有足够的眼位。如于31位接,则黑即在此点攻入,白棋不佳。

黑23不能立即于31位断,白33位顶,黑C位曲时,白可脱先于D位冲。

白24大飞抢占大场,

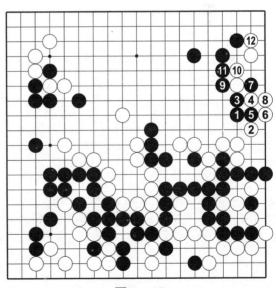

图4-17

并不比31位接回四子小。黑断吃四子,白就于38位围地。

白26如在29位冲,则黑于31位断吃白数子所得更小,黑必然转向左上角占38位大场。

白36、38如愿占到两处大场,可满意。白42后,黑如44位扭断——

图4-18 黑1扭断,白2打,以下演变至白18,黑大为不利,所以实战黑只有走43位先手。

白58补后,本局胜负已定。虽然黑59最后挑战,但白60、62以逸待劳,使黑无计可施。

白76后,不惧黑在E位点眼,因白有F位的先手接,还可在83位做活。白棋胜势已无法动摇。白86后,黑投子认负。

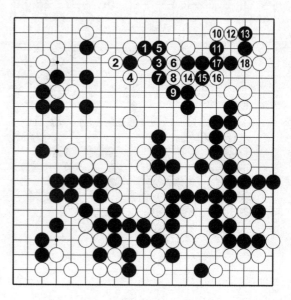

图4-18

面对复杂的棋局,有些棋手经常会有思考过度的倾向,总会把对手的应手想到最强、最好,不时会因为过度担心而导致"长考出臭棋"。

吴清源先生面对局面总是会从最可能的着点算起,大致计算若干个,觉得某个可行就落子;而木谷先生总是会从最不可能的算起,希望做到算无遗漏。

第5局　日本第一期名人战

黑方　吴清源九段　白方　岩田达明八段

（黑贴五目　共181手　黑中押胜　弈于1962年1月9、10日）

吴清源　解说

第一谱　1—23

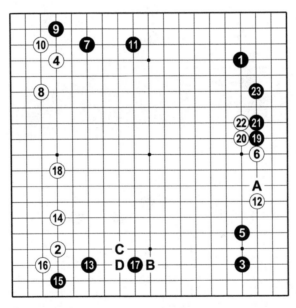

图5-1　实战谱图

图5-1　黑5是大场。

白6在右边分投是当然之着，是布局常识。

黑7挂角至11是定式。白12拆二防黑在A位拆逼，此着如在B位拆边也是注目的大场。

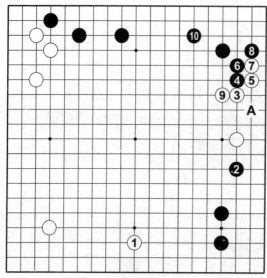

图 5-2

图 5-2 白1拆边,黑2拦逼至黑10飞的结果,此后黑有A位点夺白眼位的手段,白不满。

实战的白18是大场。黑19碰是强烈的下法。

围棋逸事1 1946年,读卖新闻社与吴清源签订了"专属棋士协议",即吴清源只能参加读卖新闻允许参加的比赛。

图 5-3 黑1拦的下法,令人感觉不紧凑,白2、4后,对有贴目负担的黑方,这样的构思不能满意。

实战白20如照——

围棋逸事2 并在终止十番棋后,与吴清源约定"今后的比赛以吴清源为中心展开"。1965年,吴清源从第4期名人战循环圈中跌落。

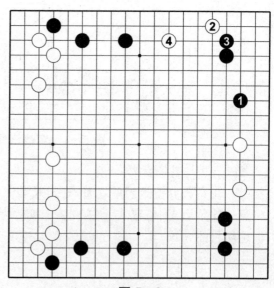

图 5-3

图 5 - 4 在 1 位下扳,黑 2 连扳,白 3 断打至黑 8 征吃一子,以后白投在谱中 C 位,黑在 D 位应,白 C 位一子不起引征作用,且图中 A 位提子后,再于 B 位攻严厉,白棋采用这样的走法过强,不好。

实战的黑 21 当然,白 22 压有力量。

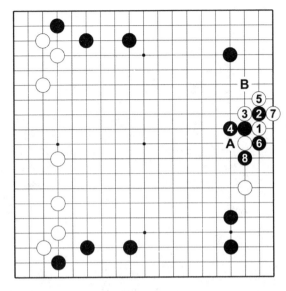

图 5 - 4

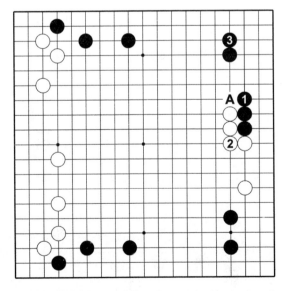

图 5 - 5

图 5 - 5 以后黑如在 1 位退,有些犹疑,因为白 2 位接后,黑 3 虽然得了角,但白在 A 位压是有效的,故此局势下 1 位退不好。

围棋逸事 3 根据吴清源的理解,读卖新闻社应该终止名人战,以吴清源为中心再创办新的棋战。然而,名人战依然热火朝天地进行。

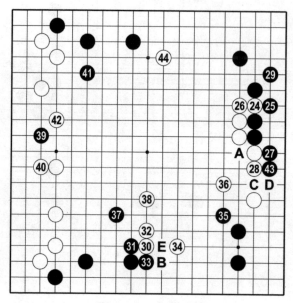

图 5 - 6 实战谱图

图 5 - 6 白 24 势所必然,如果此着在 A 位接,则黑在 26 位虎,黑的棋形饱满。从黑 25 到 27 的演变,白 28 如照——

围棋逸事 4 52 岁的吴清源已过了巅峰时期,读卖新闻社向他发放一笔养老金作为补偿。在吴清源由盛转衰的日子里,1963 年,濑越老师为他收了一位来自韩国的小徒弟。

图 5 - 7 在 1 位断,以下至白 13 止形成转换,黑的厚味比白好,△子全然枯去,黑方有利。

所以实战白 28 长也是不得已。黑 29 虎,是防白在"三·三"攻入,不仅形好,且含有以后 A 位断的手段。

白 30 尖冲消下边黑势,同时含有防黑 A 位断的意图。黑 31 上长正确。

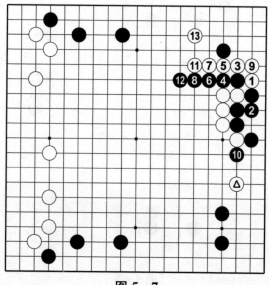

图 5 - 7

图 5-8 黑如在 1 位长，至白 4 止，因留有白 A 位攻的缺陷，黑不好。

实战中，白 32 也只有长一着，黑 33、白 34 都是常型，也可称为"边的定式"。

黑 35 在 B 位长也是定式，但现在如果这样走就会给白 35 位飞封的机会。此后黑如在 E 位冲出，即演变为——

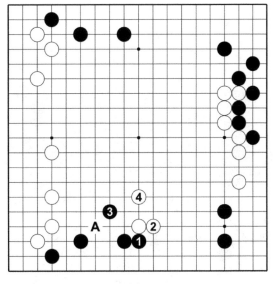

图 5-8

图 5-9 至白 10 止的结果，被白先手封紧外势很厚，比下边黑的实利为优。

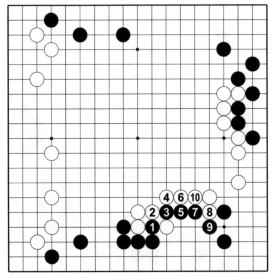

图 5-9

故黑 35 是要点，有了这一子就可再生出黑在 A 位断的手段。白 36 不得已，防黑在 A 位断。黑 37 是绝好点。

白 38 又是绝对的一着，如脱先，被黑在 38 位镇就苦了。

黑 39 是绝好的投入。白 40 先守下边边角地域是正着。

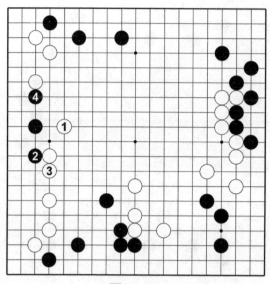

图 5-10

图 5-10　白1如镇，则黑2、4简单成活形。白棋左边宝库被掏，黑棋成功。

围棋逸事5　　1966年，吴清源授两子与13岁的曹薰铉进行了一盘指导对局，吴清源仅以一目获胜。50年后，曹薰铉在吴清源追思会上还念念不忘自己当时输棋痛哭的童年记忆。

图 5-11　白1封，黑2、4、6也可成活。白依然华而不实。

围棋逸事6　　吴清源与木谷实的关系向来笃厚，吴清源还将自己的女儿送到木谷道场学了一段时间的围棋。

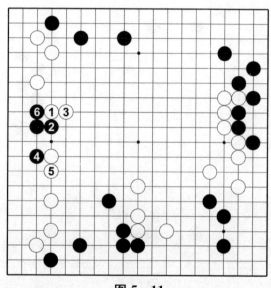

图 5-11

图 5 - 12 白在 1 位压、3 位断是最激烈的下法，黑 4 挖打，黑 6 长简明。以下至黑 14 止，被黑棋封住，黑棋也很充分。

实战黑 41 关，扩大上边形势。

围棋逸事 7 吴清源曾在平塚的道场观摩。1969 年，吴清源与木谷道场的韩国棋童，时年 13 岁的赵治勋下了一盘黑贴三目半的特别对局，吴清源执白中盘获胜。

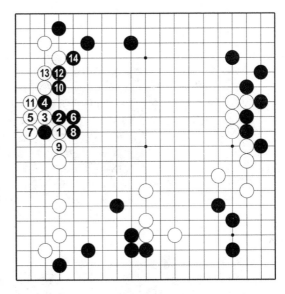

图 5 - 12

图 5 - 13 黑 1 如单纯出逃，被白 2、4、6 攻击，黑全局被动。

实战中，黑 43 长试应手，同时含有此后 A 位断和 C 位挖的手段。白 44 如果在 D 位虎下，黑棋就先手便宜了。因此白 44 侵消黑阵。

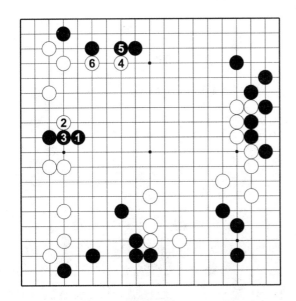

图 5 - 13

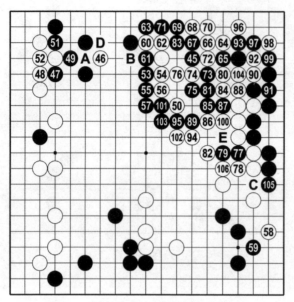

图5-14　实战谱图

图 5 - 14　黑45是急所。

白46后，黑如在A位接，则白便有在B位压的走法，同时可破掉黑在C位挖的手段。黑47是此时的要点。实战至52的型沿用至今。

围棋，实在是东方文明的形象代言人。

——陈祖德

图 5 - 15　白如在1位冲，则以下至黑6止成为转换，对黑有利。

[吴清源的棋变化灵活，有呼吸般的自由节奏。——编者注]

实战黑49也是相关联的一着。

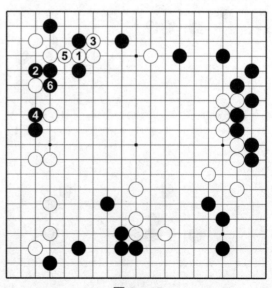

图 5 - 15

图 **5－16** 白如1位压,则黑2、4顺势整形。

实战白50在中腹做空,同时防黑在C位挖。

黑51如在62位托,则白就准备在D位立下作战,很严厉。黑53飞攻白棋,同时防白在D位立下,是高效率的一手。白54至57是必然应对,下成这种棋形,黑并无不满。白46一子枯死。

白58是先手。黑63想兼顾左右。

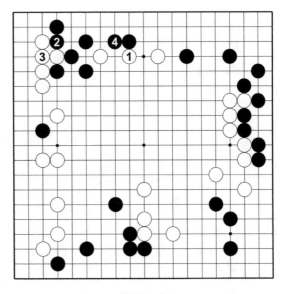

图 5－16

图 **5－17** 黑1立后手,被白2跳入,黑3压,白4长,简单侵入。

实战黑 63 的意图是——

围棋逸事8 1973年,吴清源与随中日友好协会代表团访日的陈祖德下了一盘棋。这是吴清源唯一一次与中国大陆棋手进行正式比赛的棋。

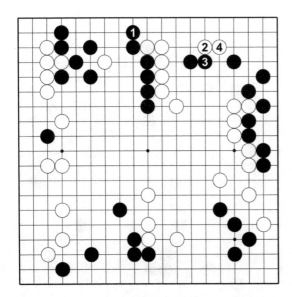

图 5－17

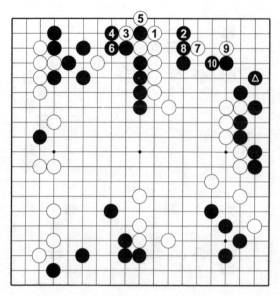

图 5-18

图 5-18　白 1 如应，则黑 2 守，白 3 打，黑 4、6 收住边空，角上即使白走 7、9 位侵入，黑 10 长，白仍不活。黑△一子发挥了作用。

因此实战白 64 如不跳入就失去机会了。

黑 65 当然。白 66 如照——

凭吊古今

天做棋盘星做子，谁人敢下？

地做琵琶路做弦，哪个能弹。

图 5-19　白 1 托也可成立，至白 9 止可活，但黑 10 逼迫是严厉的，至黑 14 虎后，有 A 位挖的手段。

黑 67 不得不挡，如在 72 位接，白就在 71 位立，这是白方所期待的。黑 75 从棋形看应在此打一着，但——

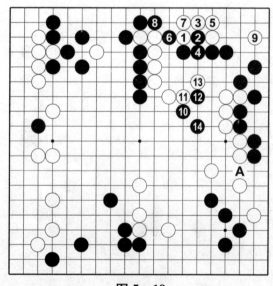

图 5-19

图 5-20　以后黑如1位接，则白2至8滚打包收，黑棋被杀。

黑77好着。白78只有顽强对抗，别无他法。黑79长是看到妙机。

围棋逸事9　时年29岁的陈祖德受先中盘获胜。看着对面的年轻人，吴清源颇多感慨。心想如果机缘巧合，说不定陈祖德也会成为自己的学生。

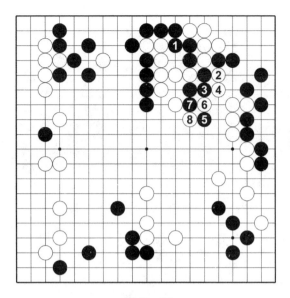

图 5-20

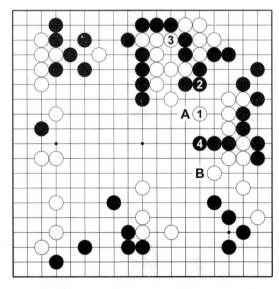

图 5-21

图 5-21　以后白如果在1位关，黑2、白3后，黑4并是妙手，A位跨断和B位压封两者必得其一，白不能兼顾而陷入困境。

白80断打是妙次序，如先在82位顶，则黑在E位曲就不好了。白82也是好手，以后——

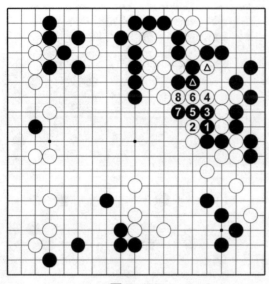

图 5－22

图 5－22 黑如在 1 位曲出，则白 2 至 8，两处通连，这是由于白△和黑△先做了交换才有效。

实战白 84 如照——

棋 道

世事如棋，让一着不为亏我；心田似海，纳百川方见客人。

图 5－23 在 1 位长，黑棋就走 2、4 和白形成转换，是黑有利。

实战中，黑 89 扳，突围而出，此后白如在 102 位枷，黑在 E 位曲出，反把白棋吃掉。黑 93 曲，虽仍被白吃去，但也是好着。

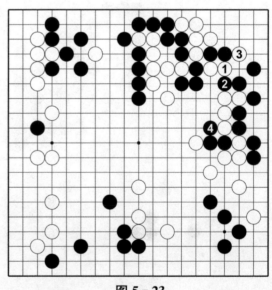

图 5－23

图 5－24　以后白如在 1 位扳,则黑 2、4 先手封白,再于 6 位长,外面白棋支离破碎,将无法收拾。故实战白 94 作防护。

实战白 100 照——

棋　语

可以这样比喻,围棋现在是一个由竞技和教育组成的二维平面,如果再加上游戏,那么围棋就能变成三维,成为一个立方体。

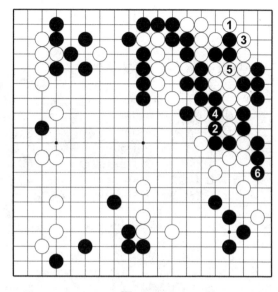

图 5－24

图 5－25　在 1 位粘,黑棋可走 2、4 逃出两子。因此实战白先在 100 位接,使黑 101 应后再接回两子。

棋局到 104 告一段落,在得失方面没有大的优劣,但中腹黑棋很厚,并且完全控制了白 46 一子的活动,又得先手,黑无不满,局势至此很明显黑优。

黑 105 先手又很大。白 106 不可省略。

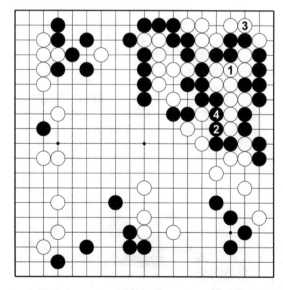

图 5－25

第四谱 7—81（即 107—181）

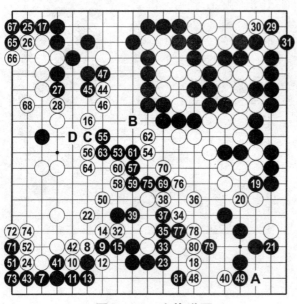

图 5-26 实战谱图

图 5-26 黑 7 是很大的官子。白 16 是好点，这样左边的空就完全好了。白 18 是大着，且含有以后 A 位的透点。

黑 21 挡，防白 A 位点，且又是一着大官子。白 22 虎，当然是准备在 32 位冲断黑棋。

黑 23 也可在 39 位双，现于 23 位长，不知哪一处有利，估计是差不多的。

白 26 如不下，白边仍不干净。白 28 也是不可不走的，中腹白棋还没有搞妥当，尚待收拾。

黑 29 打、31 渡过，约有十目的官子。白 34 关，好手。

图 5-27 白 1 挡是无理的着法，被黑 2 冲，双方至黑 10 长，白反而不好。

如谱中关后，黑 35 时，白 36 一尖就连回了。

白 40 是很大的官子。

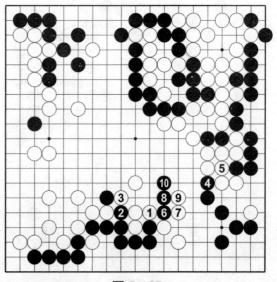

图 5-27

图 5 - 28　同时补掉了黑方在 1 位托、3 位卡的手段。

白 48 正着，黑 49 很大。白 50 尖补，黑 53 在此消空已很充分。白 56 如在 B 位飞欲隔断黑棋，是无理着法。

白 58 是防黑 C、白 D、黑 64 位夹的渗透手段。到黑 81 止，局面上黑地已多出约十目，黑方胜券在握。

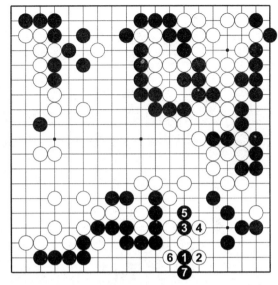

图 5 - 28

有人问岩本薰九段，在有史以来所有的棋手中，他最钦佩的是哪一位。他答道："几个世纪以来有很多伟大的棋手——本因坊道策、本因坊秀策，等等。不过第一个浮现在我脑海里的是我过去几十年来一直与之对局的棋手——吴清源。"

第6局 日本"三强战"

黑方 桥本宇太郎九段 白方 吴清源九段

（共249手 白胜一目 弈于1962年1月15日、16日）

吴清源 解说

第一谱 1—53

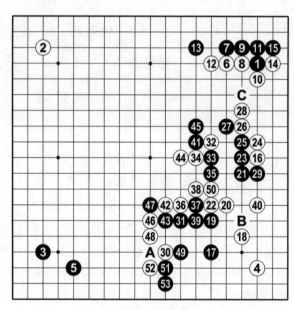

图6-1 实战谱图

图6-1 本局是日本朝日新闻社举办的由吴清源九段、坂田荣男九段、桥本宇太郎九段三人参加的"三强战"中的一局。

白2走"三·三"近来很流行，但对角"三·三"的布局，我也不常走。

白6高挂是趣向。黑7是最常见之着。

白8、10走雪崩型，是白6高挂时预定的着法。黑11接是定式的一型，白12长当然。

黑13跳出头也是定式着法。白14在C位虎补是本手，但为抢先手，白

14 尝试扳的新手。

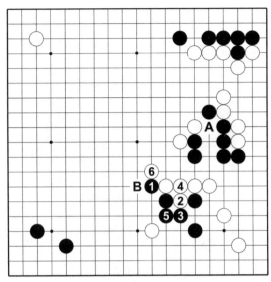

图 6-2

黑 15 挡似乎是跟着白棋走,但很大,不坏。以白棋的立场,在没有贴目的情况下,只得先抢白 16 这一双方必争的大场。

黑 17 大飞高挂,是桥本九段常用的着法。

黑 19 关起,期待白棋跳,白方看破了黑方的意图,因此在 20 位小飞,黑如果仍在 A 位拆,白就在 22 位压出。

黑 21 立刻改变方向,攻击白棋的弱点,机敏。白 22 若改在 23 位长,则黑轻巧地在 35 位关。

黑 23 压,势所必然,以下到黑 29 止,白右边的大形势被消去大半,现在该轮到白棋来消黑下边的形势了。

白 32 是攻击的急所。黑 33 是好着,白 34 必扳,黑 35 退后,白有 41 位的断点,这是黑 33 关靠比单在 35 位关出有利的地方。白 36 关压有力。黑 37 如在 42 位扳——

图 6-2 黑 1 扳,双方应对至白 6 扳,白既有 A 位的断,又有 B 位之打,都很严厉。

因此,实战黑 37 挖是

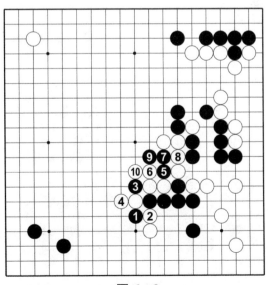

图 6-3

双方必争的要点。白40实利大,是攻守要点。

黑41断后,这里的黑棋得到安定。黑47如果在48位扳,会引起混战。

图6-3 行至白10止,黑吃不掉白棋,但下边黑棋是有手段的。

图6-4 按照1至9的着法,黑棋可以突围而出。

(此图中白4若在A位挖又如何呢,这是编者不明白的地方。)

不过——

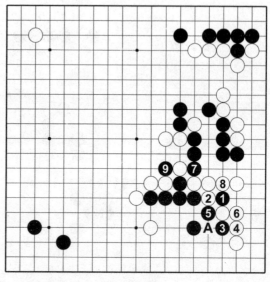

图6-4

棋　谱

在以胜败论英雄的今日棋界,日本围棋的深厚积累可能被低估了。日本新闻棋战,第一局记谱都是好职业祁段、记谱从容自如,而中国记谱经常出错,这一点不知中国是否有能力向日方学习。

图6-5 白如果2位粘,双方行至白10止,形成转换,黑棋先手得角,并不吃亏。

实战黑49关靠后,黑棋在B位跨的手段就更厉害了。白棋如果仍采用图6-5的着法,就不能取得转换,因此白50只得补。黑51扳、53立,下边黑棋安然活出,这是黑47断时就早有成算的。

图6-5

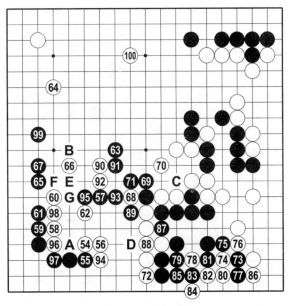

第二谱　54—100

图 6 - 6　白 54 尖冲,为下边的白棋谋求出路。黑 55 如在 A 位长,则白在 62 位轻巧地关出。因此,黑棋应当从上面围攻白棋。

由于黑棋随时可在 69 位长,与白 70 做交换,因此,黑 57 这步棋是成立的。因为以后黑棋可能有在 68 位长的需要,故暂不和白棋交换,直接走 57 位,比较灵活。

白 58 逃出,别无他法。局势至此,是黑棋好下。黑 61 沉着。白 62

图 6 - 6　实战谱图

好形,如在 98 位接,则黑有 62 位先手一尖之利。

黑 63 表现出桥本九段华丽的棋风,如果脱先,则白也必走 63 位,此为双方攻防的要点。白 64 先占大场,否则黑方就在此挂角。

黑 65 如果改走 B 位也是有力的攻法。现如谱在 65 位跳,是控制兼得实地的攻法,但中腹黑三子就显得单薄了,究竟采用哪种着法较好很难说。

白 68 打,是不愿意黑棋在 68 位长,如果被黑棋在此长,黑就有在 C 位断打的手段。

白 72 立后,黑简单在 74 位尖可补活,但黑不愿落后手,故走 73 位飞靠,弃子争先。如落后手补活,白方有在 90 位关、黑 91 位挡、白 92 位顶的厉害手段。平凡中见功底。

白 74 夹,严厉,如改下 76 位顶,则黑 74 位退,白 86 位立,黑已先手活净。白 78 觑好着,如改在 80 位立,则黑在 82 位夹,舍两子先手做活。但白在 80 位立时——

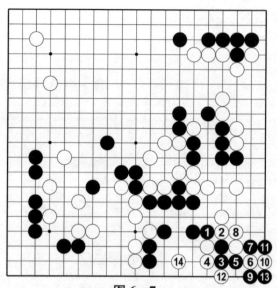

图 6-7

图 6-7 白 4 立时，黑 5 如果拐，则白 6 连扳手筋，以下进行至白 14，黑棋失败。

黑 79 接不得已，如改在 81 位吃白一子，则白也在 79 位断黑两子，这样，下边白棋就活净了。

黑 87 不得不走，否则被白在 87 位团，黑棋不治而亡。

白 88 接后，黑棋虽然仍是先手活，但失去了在 D 位觑的手段，当然于白有利，这是白 78 觑这着好棋所取得的成果。

黑 89 好着，有了这着，黑就可在 E 位跨，白 F 位冲时，黑 G 位冲，白棋就被切断了。白 90 防断。

白 94 如在 95 位挡，则黑在 94 位长是先手，故白先占此处。白 96、98 朴实。

图 6-8 白 1、3 的下法不好，黑 4 跳，白棋损地而且仍未活净。

白 98 接，备眼形，是正着。

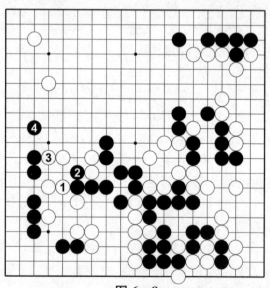

图 6-8

图6-9 之后白棋还有1至7的整形手段。黑4如果在5位接——

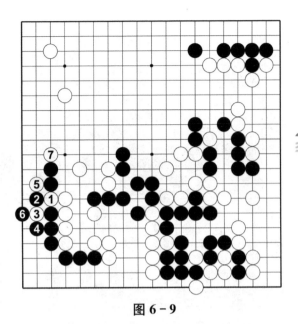

图6-9

围棋核武1 第3期本因坊战举行时,日本已在战争中全线溃退。1945年7月,本因坊胜负揭幕,濑越宪作是桥本的恩师,竭力主张比赛在自己的家乡广岛市举行。由于当时广岛已是盟军空袭的目标,故警方坚决反对在广岛对局。但濑越和两位对局者不顾警方的告诫,毅然投身于比赛。

图6-10 黑4接,白5断,以下至黑18,白棋先手活净。

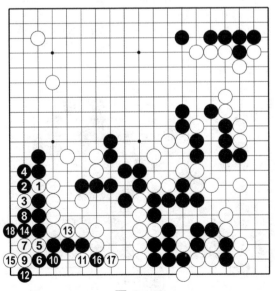

图6-10

实战黑99就是防白在图6-9冲的手段。至此,黑棋仍保持优势。白100占大场。

围棋核武2 前两局进行时,广岛平安无事。第3天空袭警报解除后,双方即着手对局,不久空中掠过一架美军飞机,随即飘落一个降落伞,刹那间,一片闪光直射大地,对局室白得煞人,接着乌云翻卷,狂风夹着雨点直扑对局室,门窗玻璃全被震碎,濑越木然坐在

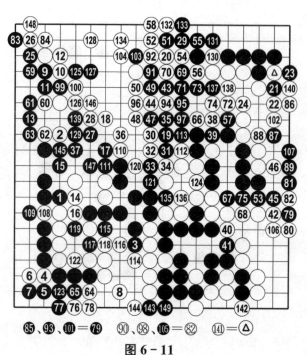

图 6-11

⑧⑤、㊈㊂、⑩① = ㉗⑨　　㊈⓪、㊈⑧、⑩⑤ = ⑧②　　⑭① = △

席上，岩本全身匍匐在棋盘上，桥本则被爆炸产生的气浪推到室外。

第三谱　1—149
（即 101—249）

图 6-11 黑1冲有问题，不如在 37 位关起。

纵观全局，黑棋地域不少，已无削减可能，白棋只好寄希望在左上角成空，白趁机走到 2 位肩冲。

黑 3 如果改走 16位，则白于 116 位尖做活，黑乏味。黑 3 长有攻

白大块的意味。白 4 先断是好棋。黑 5 如果改走 6位打——

图 6-12 黑1从这边打，至白 12 止，白也弃子活净。

白 8 尖，巧活。黑 9 靠好，机敏及时，如被白先在62 位挡，即失去这种走法。

白 10 扳、12 接是最佳应对。白 14 有力，黑如不应——

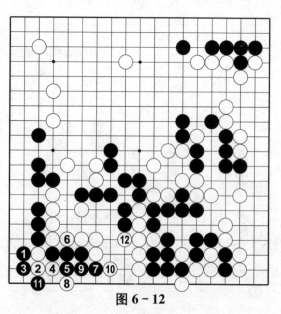

图 6-12

图 6 - 13 白 1 冲、3 断,然后白 5 挖手筋,白取得雄厚的外势,中腹黑棋更显得薄弱了。

实战白 16 接通四子后,中腹黑棋马上单薄,只好补 17 位,至此可见黑 1 等于走单官,是恶手。

白 18 镇后,加强了上边的大形势,且以后白方有在 19 位飞的好点。黑 19 关即防白在此处飞。

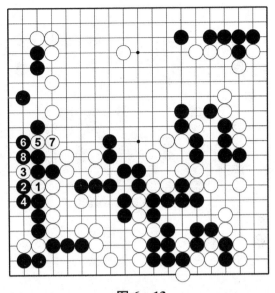

图 6 - 13

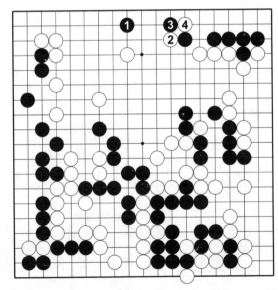

图 6 - 14

图 6 - 14 黑 1 如果上边侵入,则白有 2、4 扭断的强力反击手段。

白 20 拦后,局中双方围实空已接近。黑 27 原不肯如此走的,但如不与左联络,恐白 30 位靠断,黑棋大块就不安定了。

黑 29 尖,虽是非常大的棋,但却有疑问。

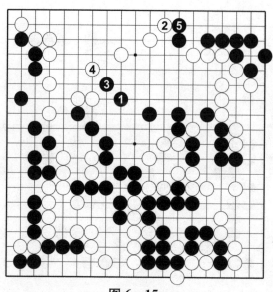

图 6-15

图 6-15 黑 1 飞中间大，至 5 黑棋有利。

实战中，白 30 靠严厉，因右边黑棋虽有眼，但尚未活净，且白在 40 位曲是先手，故黑棋在 42 位托的手段是不成立的，如被白分断，黑棋不能放手。

黑 37 补甚苦，但不得已。黑 41 非防不可。

白 42 立、44 护空，增加了不少目数，与图 6-15 比较，差别是很明显的，所以黑 29 有疑问。黑 53 好棋，白如在 56 位压，黑可在 67 位做活。

图 6-16 以后黑棋还有 1、3 的开劫手法，以争胜负。白棋如果补 A 位，则黑 B 位点杀白。

实战中，白 54 到 58，杜绝上边攻袭机会。黑 59 接，是此时最大的官子。以下至白 78，黑棋见形势已非，就毅然走 79、81 开劫。

白 86 本手应在 87 位虎，较为有利。但这样一来，黑就在 106 位打，挑起劫争，双方劫材虽都不少，但最后黑必然走 99 位冲、126 位断的劫材，白因劫材不足，只得舍弃四子，取得劫胜，由于反正要舍弃四子，因此在 86 位立，先得了

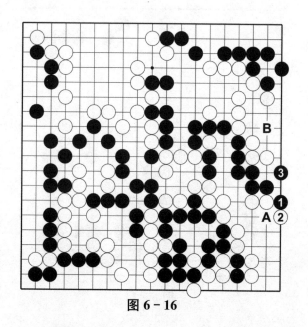

图 6-16

便宜再说。

［得失判断清楚。］

黑87如果在106位开劫,可吃白四子,约可得十二目,而白棋既立到86位,则右边劫胜,约可得十三目,黑棋反而吃亏,故黑87、89冲实属不得已。

至黑107为止,局势已大定,白小胜不可动摇。

围棋核武3 此时,距对局室10千米之外的广岛已化为废墟,然而当时两位对局者还以为这只是一般的空袭,在简单收拾对局室后,续战桥本宇太郎以五目战胜岩本薰。直到返回东京的途中,他们才知道那是原子弹爆炸。

其后四局岩本奋力追赶,期间日本无条件投降,第二次世界大战结束。至1945年11月双方才艰难地以3∶3战平。为决出最后的冠军,9个月后双方又加赛三番胜负,岩本发挥出色,以2∶0夺取本因坊宝座。虽决战第3局内容波澜不惊,却因为原子弹爆炸而成历史名局。但遗憾的是,究竟原子弹爆炸发生在该局的哪一手?两位对局者以及濑越先生在事后都不能说清。现在,随着三位当局者先后作古,这也成为永悬棋史的谜团。

我们视吴清源为有史以来最伟大的棋手,并不仅仅是因为他展现在棋盘上的智慧,也不是因为他在20世纪50年代棋艺和创造力远远高于旁人。真正使我们如此推崇他的原因是,相比其他任何人,他在很大程度上创造了围棋新的范式,帮助当时和后来的棋手在对围棋的理解上跨上了一个全新的台阶。

有幸和这个地球上最有创造力的大脑进行交流、手谈、对局、复盘,很多棋手都有这样愉快的经历,他们思考几十年的问题,突然被照亮了。

第7局 日本第一期名人战

黑方 坂田荣男九段 白方 吴清源九段

（黑贴五目 共282手 和棋 弈于1962年8月5、6日）

吴清源 解说

第一谱 1—13

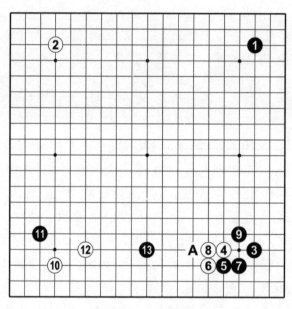

图7-1 实战谱图

图7-1 日本第一期名人战最后的两局棋:本局及另一局——桥本昌二九段对藤泽秀行八段,当时,藤泽八段九胜二败居首位,吴、坂田九段均八胜三败紧追其后,因此,谁是名人? 决定在最后两战的成绩,这两局棋是同时对垒。结果藤泽八段之局白棋中押败,则与本局胜者同分,同分本应另行决胜,以争名人,但比赛规则中规定,和棋作白胜,而和棋者在同分中应居于次位,于是第一期"名人"之荣冠为藤泽秀行八段所获。

近来坂田君执黑第一着长下于"三·三"。

白 4 下 10 位,是最近常见的布局。

白 8 如 A 位虎,则黑将争先在左下角投子(当然不限于 10 位)。

图 7 - 2 以后,白即使于 1 位飞靠,黑有 2 至 8 的应手,白 9 虎,黑 10 长,白 11 双,黑取得先手。

为使黑棋不能脱先,故谱着实接,此时黑 9 如脱先投于 10 位——

围棋札记 1 坂田虽然已经意识到自己肯定赢了,但没有时间精确地数目。另一方面,吴九段还剩一个小时左右。

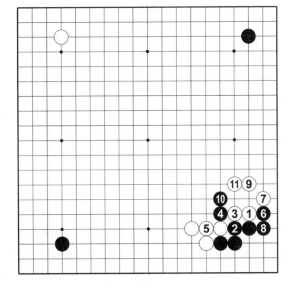

图 7 - 2

图 7 - 3 白 1 位靠的下法就有效了,黑 2 只有屈服在此扳,至白 7 为止,白势厚,不坏。

黑 11 挂,试探白棋动静。白 12 小飞,稳重,下边连片成势的可能性大增。

黑 13 是早在 9 尖时所预定好的一着,如被白在此补去,则下边白棋全部成好形。

图 7 - 3

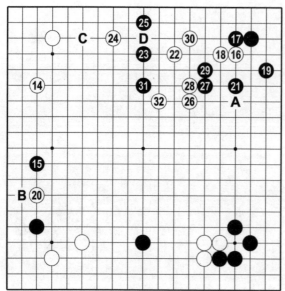

图7-4　实战谱图

图 7 - 4　白 14 大飞守角。此着也曾考虑小飞守角,但黑方着法也将相应改变。黑 15 与白 14 是二者必得其一之处。

白 16 挂角,当然的大场。从黑 17 至 19 是标准定式,以后白如于 A 位拆,虽是正着,但黑棋便得先手于左下角下子。

图 7 - 5　黑 1、3、5 谋得安定,如此棋势平坦,非白方所愿。

因此实战白 20 先打入,试黑应手,黑如 B 位托,则白已先手得利——

围棋札记 2　进入对局室一看,吴清源坐在椅子上,坂田盘腿坐在台座上。

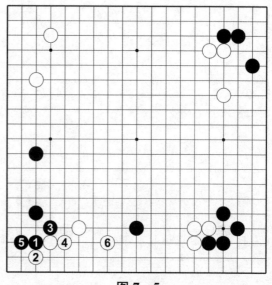

图 7 - 5

图 7-6 黑 1 托角，白 2 扳、4 打至 12 为止，白有利。

谱黑 21 飞，有力。白 22 不得不走，被黑棋此处来攻，即被逼得狼狈。

围棋札记3 有关人士虽然尽量设法不让他们知道藤泽与桥本之战的结果，但他们却似乎凭着专业棋手的特有感觉知道了这件事。

图 7-7 左下即使白 1 尖封，黑尚有于 A 位托，白 B 位扳，黑 C 位虎的手段，故白 1 尖不是紧要之着。

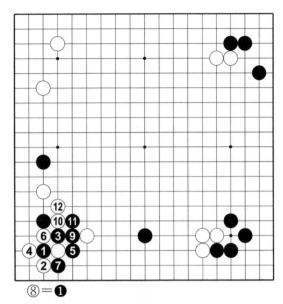

图 7-6

实战黑 23 逼白棋，也有劲，下一步拆到 C 位，又是一个好点。白 24 阻黑开拆，并打算下一步于 D 位托渡。

黑 25 阻渡，以后可从 30 位及 C 位打入，此两处打入点必能得其一。白 26 补形，黑 27 是攻击急所。

白 28 至 30 不得已之着。黑棋在此处得先手攻夺白棋眼位，但是白 30 尖补，也打消了黑棋占此点的机会。

黑 31 关，既攻右方白棋，同时也准备于 C 位打入。

图 7-7

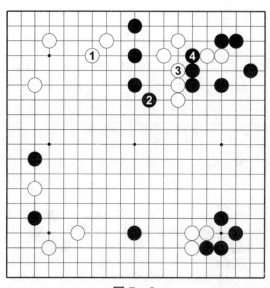

图 7-8 如果白 1 补，则黑 2 尖是急所，白 3 退，黑 4 冲，攻击严厉。

从上述意思可知，白 32 是双方必争的要点。

围棋札记 4 "唉嘿!" 坂田就像武士一样运了一口气，下了一着棋。吴清源回到休息室，濑越被年轻的棋手团团围住，正在拆棋。

图 7-8

图 7-9 黑 1 若长，则白转于 2 位补，以后黑即使于 A 位扳，白可在 B 位双，就有了眼位，况且白棋还有 C 位挖的手段。

围棋札记 5 现在是黑棋坂田以压倒优势领先的局面。当时是六段的林海峰来了，他是吴清源的弟子。

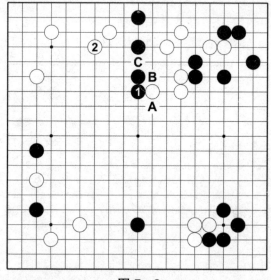

图 7-9

图 7 - 10 黑33立即打入,是黑棋不肯放松之处。黑有 33 这着棋,就可于 A 位渡,或于 51 位侵入左上角,两者必得其一。白 34 不可省。白如不走,则黑于 B 位围很大,因为下边黑于 C 位飞是先手。

黑 35 如于 D 位尖吃白一子,则白脱先他投,此时白也可能于 E 位关下,这是两不吃亏的棋。今黑关起,想吃大一些,故白不肯放弃。白 36 如

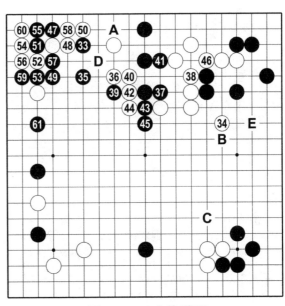

图 7 - 10　实战谱图

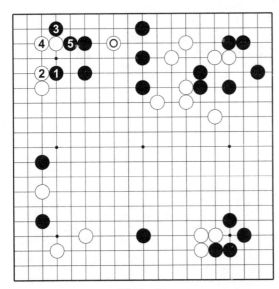

图 7 - 11

不应——

图 7 - 11 黑 1 至 5 是整形的手筋,黑棋不但形状整齐,而且围吃白◎一子很大。谱白 40 急所,试黑应手。

黑 41 双,严厉之着。白 42 至黑 45 是双方必然之着。白 46 如被黑在此处冲,则不但二子被割掉,而且整块白棋呈崩溃之状。

黑 47 是针对白棋大飞守角而用的一步棋。白 48 是最强的抵抗。黑 49 机

敏,手法灵巧。

白 50 如于 53 位挡,则黑 51 位扳,角上生出手段。

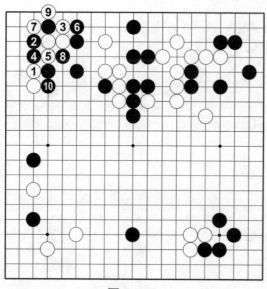

图 7 - 12

图 7 - 12 至黑 10 止,白棋受攻,而且还可能有其他种种着法。

实战白 50 渡后,上边白棋已安定。

黑 51 如于 53 位冲,则白在 51 位长得角,这样转换,白棋有利。因白棋还留有 59 位扳的手段。现 51 扳、53 冲,均是要点,即可奠定黑棋比较干净的形状。(这是专家的感觉。)

黑 57 如于 58 位断——

图 7 - 13 白 6 接后,黑 7 断一手好,白 8、10 不得不用滚打包收;黑 9 提后,白紧了一气,至黑 15 时是黑棋快一气。黑 19 后,白虽有 25 位做劫的手段,但黑可脱先,等白 A 位抛吃才是真劫,是宽气劫。因此白 20 封锁黑棋,至黑 25 止,黑虽妙手吃了白子,但外势尽失,白好。

谱至黑 61 止告一段落,上边白棋取得联络,已经稳定,黑方显得单薄,就这一点讲,白棋的形势

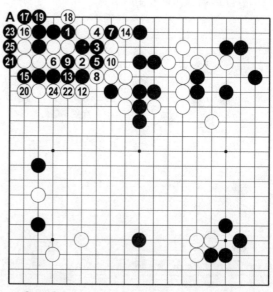

⑪=②

图 7 - 13

有趣。

第四谱 62—100

图 7 - 14 白 62 是下边的要点,借此可以攻击上下的黑棋,下一步白在 80 位尖冲,是一着严厉的攻手。白 64 之后,如再在角上 70 位尖顶,则是攻击好点。

白 68 如于 69 位退,则黑 68 位立,显然遂了黑棋的愿望,所以白 68 扳打。黑 69 至 73 止是定式。

白 74 扳渡,沉稳。白 76 关出,准备攻击上下两块黑棋。黑 77 尖封,稍薄。

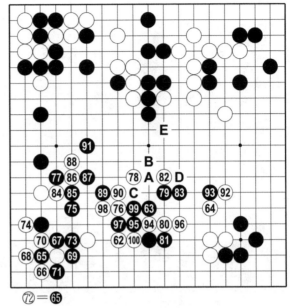

图 7 - 14 实战谱图

黑 79 尖,正着,如于 A 位关,为俗手,因为白于 B 位扳后,凑白棋好步调。白 80 后,如果黑于 94 位接,则白先手得利,因为黑接后,将来于 90 位跨,白 C 位冲,黑 99 位断时,黑棋形不好。

黑 83 单长,是好手,准备下一步于 90 位跨断。

图 7 - 15 黑如下 1、3 位,则白 4 关,黑棋上下受攻。

如果白走 87 位,与黑走 84 位交换,是可防黑棋

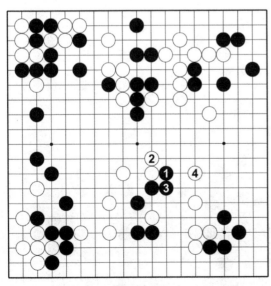

图 7 - 15

083

跨断的,然而黑占到84位,棋就索然无味了。

白84、86冲断后,局面渐渐复杂化,这两手主要还是防黑90位跨断。

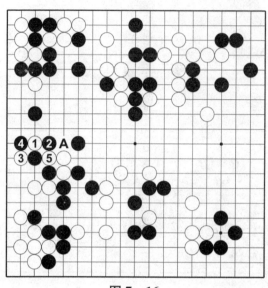

图7-16

白棋引诱黑下87、89后,走90是行棋步调,即使黑91枷——

图7-16 白仍有1位靠的手段,白3扳是要点。此手如于5位打,则黑于A位包打,白棋形不佳。

谱白92尖后,局面更趋复杂。以后黑如D位曲,则白E位跳出分割黑棋。这时的空彼此相当,是白棋有望的局面。

黑93好手。白94如于——

图7-17 1位打,以下至白5的应对是可以想到的。

今白94冲断,是打算黑如96位扳后成——

围棋札记6 "怎么看也相差十目以上。"林海峰摇晃着剃得发亮的脑袋说。"相差那么多吗?""嗯。"林海峰点了点头。

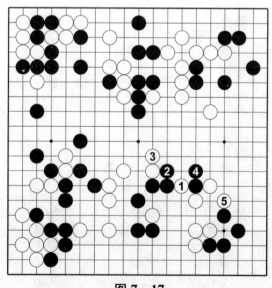

图7-17

图 7-18 白 3 至 7 提一子是先手，黑棋要补断点，白好。

如上所述，黑 95 只好从这方面挡。黑 99 接。

围棋札记 7 没有人对林的话提出反对意见。以专业棋手的眼光看来，这似乎已是无可挽救的局势了。

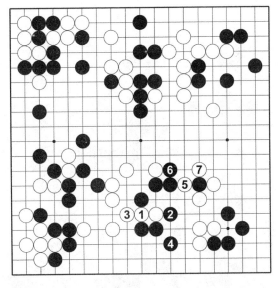

图 7-18

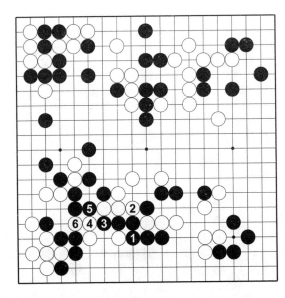

图 7-19

图 7-19 黑 1 接，白 2 断，黑 3 冲断不能成立，至白 6，显然黑棋无理。

当初白 86、白 88 的妙味就显示出来了。

围棋札记 8 可是，吴清源却将这盘棋一点一点地追了回来，最终成为一盘和棋。和棋判为白胜，这是名人战的规定。

第五谱　1—53（即 101—153）

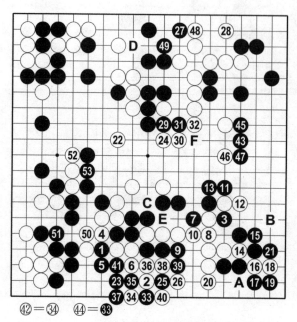

图 7-20　实战谱图

④ = ㉞　　㊹ = ㉝

"这盘棋真的是和棋吗?"

图 7-21　白 1 打,再 3 关,补净,方是好棋。此时黑如 A 位长,则白可 B 位顶弃去△位一子,甚轻。因黑也只能 4 位打,然后白 5 飞才有趣味。

现谱中 4 打、6 曲后,黑 9 长、白 10 非走不可,虽一样吃黑三子,但却成稍不干净的坏形。白 14 以下将黑角走净,并不可惜,主要是做好取得 20 先手立的准备工作。

图 7-20　黑 1 是要点。白棋从 5 位打或 4 位断,均不能成立。白 2 急所,控制黑两子。白 4 应照——

围棋札记 9　但是,此外还有"和棋胜要比真正的胜低一等级"的规定,尽管同是九胜三负,这次循环赛的优胜也就是第一期名人的桂冠落在了藤泽头上。

将必胜的棋输掉后的坂田也因这次败北受到了很大的打击,睡到半夜他又爬起来,咕哝道:

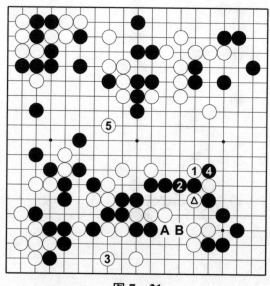

图 7-21

经典珍藏

黑 21 如走 A 位，虽然便宜，但将来白有 B 位等的借用，右边有余味。白 22 恶手。

图 7－22 白应该先走 1 位虎（因为以后没机会走这步棋了），黑 2 接后，白从 3 至 7 吃黑两子，干净。黑方只有走 10、12 吃白两子。此时白 13 转于右边下子，是白有望的局面。白 13 后，黑也只不过在 A 位冲，以下经过白 B、黑 C、白 D，是白棋好。

实战由于白 22 之飞，

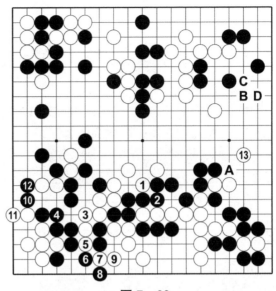

图 7－22

被黑走 23 位，白就痛苦了。白 24 仍宜走 C 位，黑应后再走 35 位为佳。

图 7－23 下边黑棋先走的话可以 1 位靠，白 2 夹，结果成劫；我当时虽然算出有劫，但对劫的形状有重大的错觉，我以为 5 打、6 接、7 做劫至 10 提劫后，黑棋也有相当的损失，况且白棋还有谱中 C 位的本身劫材可以用，这样是我看错了。

实战中，白 28 不如走 48 位，黑 D 位做活，再走 C

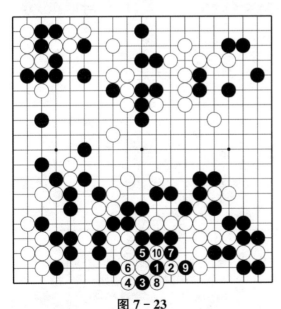

图 7－23

位，黑 E 位以后，白棋就有机会在下边落子。由于看错，就无法可想了。

黑竟然走 35、37，想不到这样做劫，黑棋不损，同样是劫，现黑棋是无忧劫，况且打消了 C 位的劫材。

黑劫轻，能走到 43 和 45 两手也已够了。白劫重，绝对不能输劫，所以只有 44 粘。此时黑棋右边贯通后，成就了右边的大地域，白棋形势大坏，至此白已输定。

白 46 防黑 F 位断，此后唯有拼命猛攻上边黑棋。白 48 是攻大块黑棋的急所，这样，白 28 一子就成为闲着了。

现攻黑大块时，在 C 位虎已经无效了，因为此时吃黑棋四子，黑棋不会应，所以大大影响到了后来的行棋。黑 49 是做眼的急所。白 50 及 52 是胜负手。

第六谱　54—100（即 154—200）

图 7 - 24　黑 55 以下这块棋尚未活净，另外，上边的一块黑棋也未活净，在此使用缠绕战术，是最后胜败的关键。

从白 58 至黑 65 是必然应对。此时白 66 如于 69 位提，虽可相安无事，但黑先 67 位打，再 66 位接，黑棋通出后，白空便不够了。白 66 先断一手，然后打算于 72 位尖，威胁上边黑棋。

黑 71 擒白三子，实利很大，此时白空已不够，为争取于上边与黑棋一决胜负，白宁愿弃三子，况且此处白棋仍保留有 A 位做劫的余韵，可备决斗。

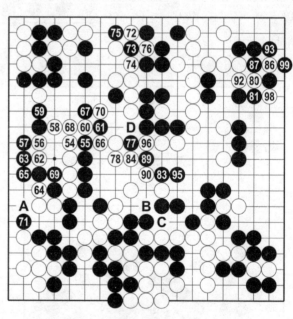

⑲、⑧⑤、⑨①、⑨⑦＝⑦③　　⑧②、⑧⑧、⑨④、⑩⑩＝⑦⑥

图 7 - 24　实战谱图

白 72 尖，拼命吃黑棋，黑 73 如在 74 位冲，则白在 73 位破眼，以后黑棋

经典珍藏

就不妙。黑 77 好着。白 78 曲不得已，如在 84 位扳，黑在 89 位扳出就不好了。

黑 83 好着，如果已经有 B、C 两着的交换，则现在白棋的应法就有很大的差别。白 90 不得不应，如不应，黑有 D 位挤的走法。

第七谱　1—82（即 201—282）

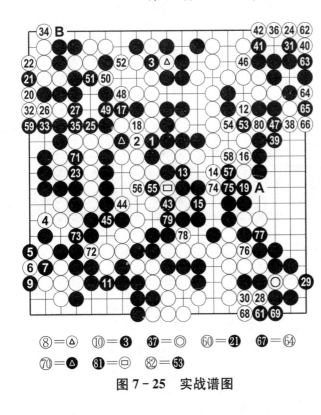

⑧=▲　⑩=❸　㉧=◎　⑳=㉑　㊱=⑥④
⑦⓪=▲　㊱=▢　㊲=❺③

图 7－25　实战谱图

图 7－25　白 4 夹造成两劫。白在 29 位立的劫材是损劫，所以不肯打。即使用此劫材，也难以打赢。

劫争的最后结果是黑 9 与白 10 转换，于是大战告一段落。

黑 11 接，已吃净角上白棋。黑 15 不如于 16 位先手冲，与白 58 位做交换为大。黑 19 补棋，否则白于 A 位扳，右边出棋。

黑 23 实在太小，约四目棋，现在盘面上最大的一手是 41 位挡，此手约有八目棋，黑如果走此处，就绝对胜定了。

黑 25 又是一着小棋，不如于右下角 68 位跳。白 34 应于 B 位打。

黑 43 小，不如走 52 位为大。最终弈成和棋，按比赛规则，白胜。

第8局　日本第二期名人战

黑方　吴清源九段　白方　铃木越雄七段

（黑贴五目半　共149手　黑中押胜　弈于1962年9月5、6日）

吴清源　解说

第一谱　1—26

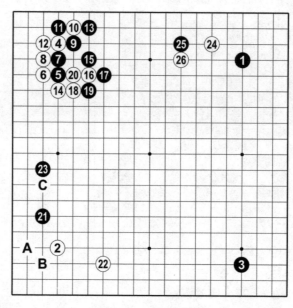

图8-1　实战谱图

图8-1　日本第二期名人战硝烟再起，参加这一期比赛的人员有第一期名人战成绩优良者吴清源、坂田荣男、木谷实、半田道玄、桥本昌二、藤泽朋斋九段六位，通过选拔者有宫本八段、林海峰、铃木越雄七段，共九位循环战的优胜者向藤泽名人挑战。

黑7如照——

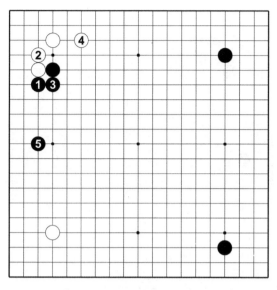

图 8 - 2

图 8 - 2 黑 1 至 5 的走法是最普通的定式,但如果这样走,就会构成平稳的布局,因贴五目的关系,黑须预先发动急战的局面,所以谱黑 7、9 走"雪崩型"。

白 10 二路连扳是早期的定式着法。

白 16 靠后,黑 17 至 20 弃二子,轻灵的好着。

白 22 虽有各种走法,但白 22 是苦心的一手。黑如在 A 位飞,则白就愿意在 B 位尖。

图 8 - 3 白 1、3 先手便宜后,再白 5 夹,也是一种下法。以下至黑 14 跳出头的应接,这样的局面和宫下曾经下过,白棋构成一方地,而黑上下地盘和右方两角,即构成黑方易下的局面。

谱黑 23 单拆二,机敏。如在 A 位飞,则白走 C 位夹击。

(这种构想在小林光一时代很普遍,显然是受吴先生围棋思想的启发。)

白 24,绝好的大场。黑 25 如照——

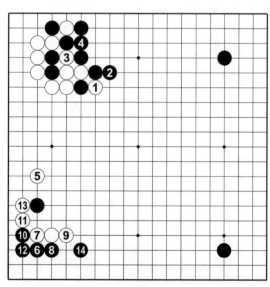

图 8 - 3

图 8 - 4　黑 1 应,有被白走 2 至 6 等着之嫌。以后白再走 A 位,黑棋无眼形,有被攻逼的担心。

实战白 26 如照——

围棋禅心 1　1965 年日本第 4 期名人战,林海峰取得了挑战权,藤泽秀行认为"林君已有和我们争胜负的实力"。可是,林和坂田的对战成绩还不行,对七番胜负的预测,一边倒的倾向于坂田。

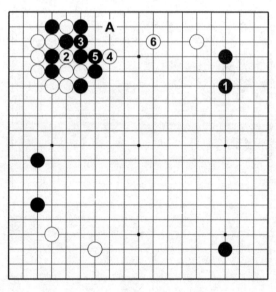

图 8 - 4

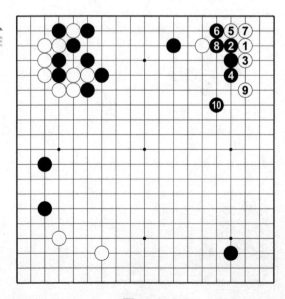

图 8 - 5

图 8 - 5　白 1 点"三·三"。以下形成至白 9 的应对,黑 10 飞扩张棋样,上方阵形饱满。

围棋禅心 2　第 1 局在东京福田家举行。林海峰虽养精蓄锐,全力以赴,还是持白败下阵来。林海峰在赛前对记者说,希望第 1 局能猜到黑子,可增加一点安全感。但事与愿违,无可奈何。

第二谱　27—40

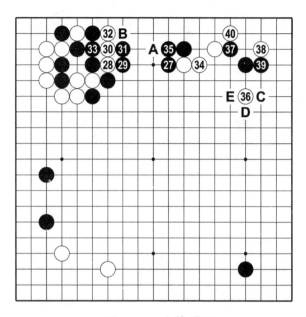

图8-6　实战谱图

白9不可省略，然后黑10尖，黑方两面获利，效率高。此后白11断，黑12长应对，白如13位，则黑14至18止，白所得甚微，因有上述的担忧，所以实战白28先断，试黑应手。

黑29只得应，别无他法。白30长，也试黑应手，然后决定右方的走法。

黑31正着。白32虽有些损，但仍有视黑方的应法来变动右方的意图。黑33如照——

图8-6　黑27后，白如34位退——

图棋禅心3　这时，林海峰的心情既焦灼又沮丧：焦灼，是因为"名人"宝座好像近在眼前，却远在天边；沮丧，是因为第1局失利打击了他原本不是很强的信心。因此在去冲绳岛进行第2局挑战之前，他又到小田原去求老师指点一条明路。

图8-7　白3只得断，以下到黑8长时，

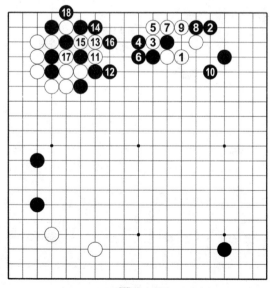

图8-7

图8-8 黑1位立，因留有A位打逃出三子的余味，白方就忍耐地采用2至8的走法。

如谱黑33实地吃白三子，获利甚大。那么下一着白34在35位断，结果又怎样呢？

围棋禅心4 吴清源听明白林海峰的来意后，微笑着说："我知道你会来看我的，你此番迎战坂田，我教给你三个字'平常心'。"

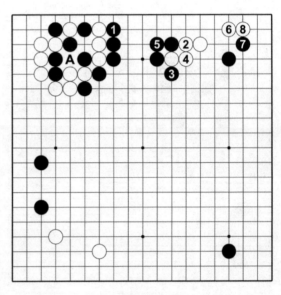

图8-8

图8-9 演变成黑2至10的变化。白提通一子虽舒畅，但因左右黑棋均有所得，白损。

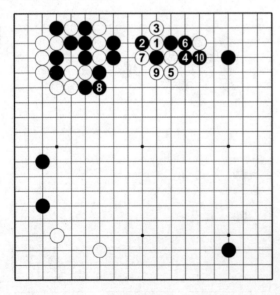

图8-9

所以实战白34退，不在35位断。

现在黑35在40位飞就不好了。白有A位的妙手，黑B位挡绝对，要被白在35位分断，黑棋不行。因此，黑35是不得已之着。

白36如在C位挂，则黑36位压，白D位扳，黑在E位长出，同时攻上边白三子。因此白36高挂是要点。现在黑37如照——

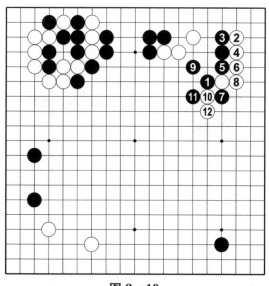

图 8 - 10

图 8 - 10 黑1压,白2点角,以下至白12止,右边很大,黑即使吃掉白三子也不划算。

因此谱黑37尖以角位重点较好。白38点角,重视角地。

围棋禅心 5 吴清源当时是用日语念出这三个字来的,这是日语中很浅显的一句话,意思一听就懂,但当时林海峰却并不明白这句话与棋道有关。

图 8 - 11 白如走1、3、5的下法,就失去实利,黑方大为满意。

黑39只此一着,此着如扳渡,被白在39位长出,损地不好。白40,当然之着。

围棋禅心 6 吴清源接着说:"你不可太过于患得患失,心情要放松。你现在不过二十二三岁年纪,就有这样的成就,老天对你已经很厚很厚了,你还急什么呢?不要怕输棋。"

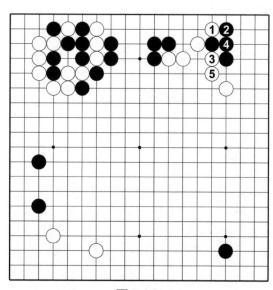

图 8 - 11

图 8-12 黑 41 如照——

[吴清源解说围棋，就像耶稣传道那样认真、执着、虔诚，对待棋迷如同对待"上帝"，谆谆不倦传授其谛。——编者注]

图 8-13 黑 1、3 是普通的走法，而且这样走较好。白 4 先手飞后，再 6 关。于是黑方先手转向右下角守角，构成简明的局面。此形即使脱先也无顾虑。

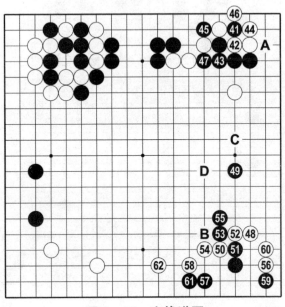

图 8-12 实战谱图

白如在 A 位破眼，则黑有 B 位跨，经过白 C、黑 D、白 E、黑 F、白 G、黑 H，可以向外走出。

黑 43 如在 44 位打是损着，以后白 43 位提，黑 A 位打，白形厚。采用此着法，如果在 47 位有白子的情况下，又作别论；没有的话，是完全的损着，一般是在黑谋活时才使用。

黑走 41、43 后，被白 44 打，损地，有疑问。

图 8-13

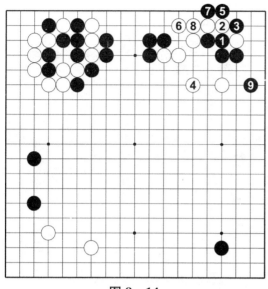

图 8 - 14 因此黑应走1、3,白如4关,则黑5马上先手扳,再走7、9,取得了相当的地域。

实战中黑45断,是重视攻上方白棋三子和右边一子的走法,但因为黑已先损了,按目前局势来看,是复杂的局面。

至黑47止,上边告一段落。白48大场。

图 8 - 14

图 8 - 15 白1粘,黑2渡,白棋成重形,这是黑方所欢迎的。对付白3,黑4可压出作战。白5扳无理,以下至18止,白棋形崩溃。

实战黑49有各种夹法。

围棋禅心7 吴清源接着说:"只要懂得从失败中吸取教训,那么,输棋对你也是有好处的。今天失败一次,明天便多一分取胜把握,何必怕失败呢!和坂田九段这样的一代高手弈棋,赢棋、输棋对你都有好处,只看你是否懂得珍惜这份机缘。"

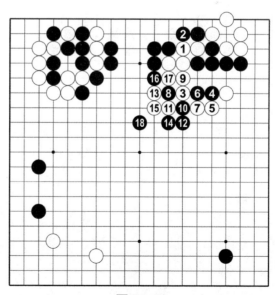

图 8 - 15

吴清源 精湛棋艺赏析

图 8-16 黑 1 二间高夹，白 2 至黑 9 后，白 10 成绝好的开拆，因此在这种情况下，松一些夹比较好。

实战白 50 如在 B 位关出，则黑 58 位拆二，白 C，黑 D 位关出，就变成从容不迫的形势，黑方乐于这样走。因此白强烈地 50 位飞压。

黑 51 如照——

围棋禅心 8 吴清源的一席话，真像给林海峰当头泼了一盆凉凉爽爽的清水，林海峰的神智陡然清醒了许多，而且觉得脑海中灵光闪闪、智虑澄澈。

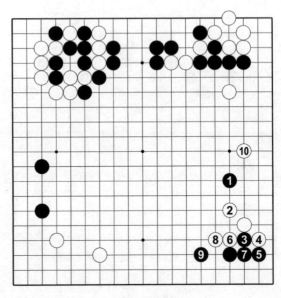

图 8-16

图 8-17 黑 1 长，白走 2、4，黑 5 关，白 6 强硬地靠紧，黑如 7 长，白走 8、10，形势厚实，因有白 A、黑 B、白 C 的手段，黑棋受到威胁。

实战黑 51、53 进行攻击。

白 54 如照——

围棋禅心 9 从小田原吴清源家中告辞出来，他轻轻松松地坐火车回东京，两天后，又轻轻松松坐飞机去冲绳。

图 8-17

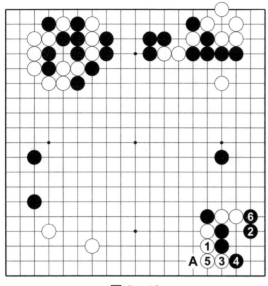

图 8 - 18

图 8 - 18 在 1 位立下,白如 3 扳,以下至黑 6 的应接,黑不坏。白 3 如改在 6 位立,黑 5 位扳,白 A 位扳,黑 3 位接,无论怎样,总是黑棋可战的形状。

实战黑 55 上长,白 56、黑 57 是必然应对,是定式的一型。白 58 至 62 都是定式的着法。

棋 式

无半生有,有中却无,在棋局的过程中,这是围棋辩证的思维模式之一。

第四谱 63—89

图 8 - 19 黑 63 挖、65 粘后,白 66 碰是苦心的一手。

围棋禅心 10 一直到今天,林海峰再没有为输棋赢棋、患得患失而心烦意乱。

围棋境界有技术境界和艺术境界之分。第一次问道,林海峰的收获是在最高的技术境界方面;第二次则进入了最高的艺术境界,林海峰从"平常心"三字诀中得到一次精神的飞跃。

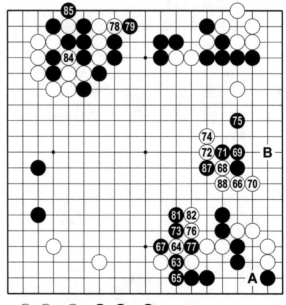

⑧⓪、⑧⑥＝⑥④　⑧③、⑧⑨＝❼❼

图 8 - 19 实战谱图

图 8-20 白1如接，演变至黑10为止，这样的局面，黑棋上方到中腹姿态非常壮厚。此后黑如能在谱中左下角点角，这局棋就结束了。

如谱白66的意思是，黑如88位扳，则白70位立，以下经黑68位、白67位、黑76位、白77位、黑A位、白B位的应对，白棋的姿态漂亮，比图8-20好。白方如不接，黑67就切断，但这样反而成为复杂的局面。黑67应在70位下扳。

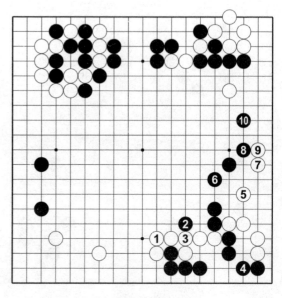

图 8-20

白68上扳、70立，效率很高。

黑71当然。白72把中腹最大限度扩张起来。

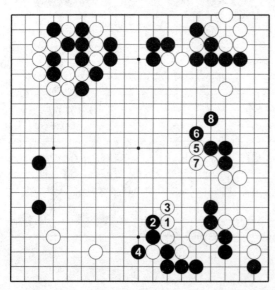

图 8-21

图 8-21 白1长，以下至黑8的应接，虽黑两子被吃，但黑方两面获利，可以成立。

实战黑73如照——

围棋禅心 11 《景德传灯录》卷八记有马祖道一（709—788）的话："若欲直会其道，平常心是道，谓平常心无造作、无是非、无取舍、无断常、无凡无圣。"

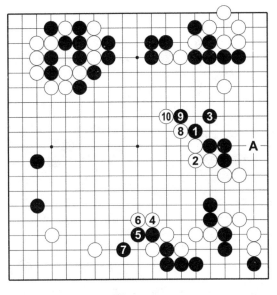

图 8 - 22

图 8 - 22 在 1 位扳，白 2 至 10，中腹白势大，和图 8-21 对比，就大不同了，关键白 4、6 先手争得腹面。黑棋在右上边狭小地围吃白棋，而白方再从 A 位二路飞消空就更小了。

实战中，对付黑 73，白有 76 位顽强做劫的手段。如谱白走 74，此着经局后反复研究。

棋　味

围棋中的"先中后，后中先"是非常值得玩味的，只有懂棋道的人，才能体会其中的玄妙。

图 8 - 23 白 1 扳，以下至黑 16 形成转换。因有贴目，将构成细棋的局面。

围棋禅心 12 林海峰第一天的晚上把胃搞坏了，第二天只能喝粥。在拿下天王山的第 3 局后，第 4 局也连胜。以 3∶1 的比分，把坂田逼入绝境。

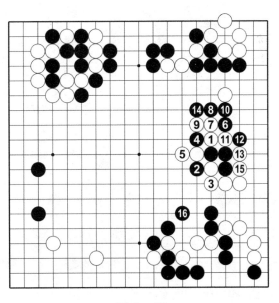

图 8 - 23

图 8－24　白 1 关,黑 2 立下好,有 10 位飞渡,故白 3 跳下阻渡,黑 4、6 出头,白 7、9 分断黑棋,黑 12 托,以下演变成至黑 16 的结果。此处白 A 位接,黑 B 位接,对杀气短;白 C 位抛劫,黑方有几处本身劫,白无论怎样都不行。

谱白 74 长后,黑 75 拆一是要点,攻防兼备。

白 76 做劫顽抗是当然的招法。实战至 89 是双方必然的应接。

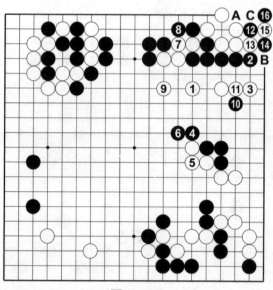

图 8－24

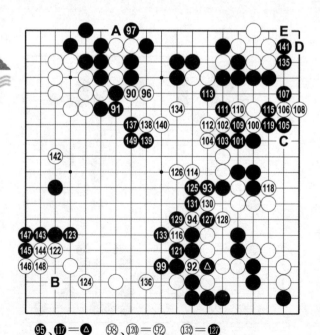

⑨、⑰＝△　㊈、⑫⓪＝㊈　⑬②＝⑫⑦

图 8－25　实战谱图

图 8－25　白 90 打,好像是损着,其实不单是劫材,而且含有 137 位封的手段。黑 97 未深思,应在 A 位打才是正着。

白 100 顶虽无理,但为决胜负,只得如此。因为此着如在 102 位飞,则黑 115 渡;白如 114 跳,黑 127 位断。此后黑在谱中 B 位点角,黑棋就可胜定。黑 105 是妙着。

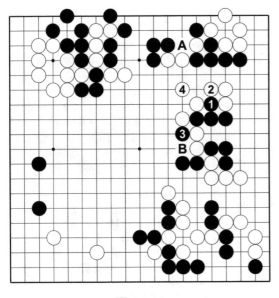

图 8－26

图 8－26 黑 1、3 冲断,白 4 虎后,白有 A 位接和 B 位打,两者必得其一,这是白方的预想。如此黑棋崩溃。

实战黑 107 是和黑 105 相关联的要着。

白 108 立下,变化就很复杂了。

图 8－27 白如 1 接,黑 2 渡过,此处黑 A、白 B、黑 C 有一个眼位,又含有黑 D、白 E、黑 F 的手段,如能联络,总是黑好。

实战黑 109 到 113,先安顿上面的黑棋是好着,其次白如要吃下面的黑棋……

围棋禅心 13 在年轻的林的异常力量下,坂田感到了巨大的压力。他虽在第 5 局追回一分,第 6 局却被刺入肺腑,最终以 2∶4 败北,拱手让出了名人宝座。

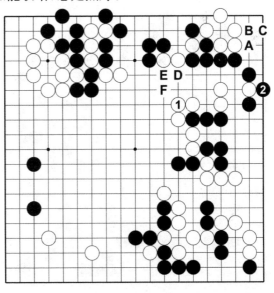

图 8－27

图 8-28 白 1、3 虽是好手，但黑 6 断后即形成和上方白棋对杀，至白 17 是必然之着。黑 18 先枷一着，好棋，如先在 20 位扳，则白 A、黑 B、白 C，黑棋反被吃。至 20 止，黑胜。

算清楚了以上的变化，如谱黑才走 105、107。所以，白 114 补，黑走了 115 也就安全了。

白 116 以下试着在下边施展手段。此着如在 119 位打，则黑 C 位退，就没有关系。

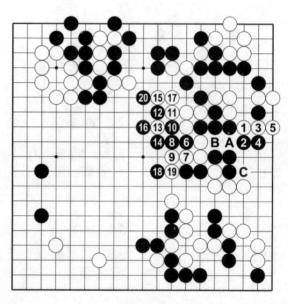

图 8-28

图 8-29 白棋即使走 1 至 7，黑 8 接，仍快一气。

实战至黑 121 时，白已无后续手段，至此黑胜局已定。白 124 如照——

［中盘的攻防精妙绝伦，吴清源先生的算路显然比对手要高了。——编者注］

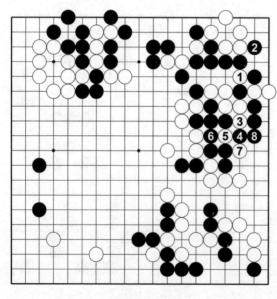

图 8-29

104

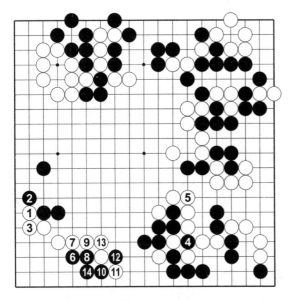

图 8－30

图 8－30 白 1、3 扳，就变成黑 6 以下破白地的局面。因为左边白棋尚未构成包围黑棋的态势，不能予黑棋以致命的攻逼。

（吴清源行棋如流水，高超地控制了局面。）

围棋禅心 14 23 岁的名人诞生了！在这幕剧上演的同时，不光是在围棋界就是在社会上也引起了不小的风波。这以后，昭和的势力破土而出了。

图 8－31 白 1 拦，黑先手走 2 至 8 后，再走谱中 125 以下的次序，黑棋甚好。

实战白 134 舍小就大。黑 135 之后，白如走 141 位，则黑 D、白 E 位做活，白生不如死。

白 136 约有十目的官子。黑 137 时，虽可更严厉地在 140 位攻逼白棋，但已无关胜负，不走也已经很充分。

黑 149 坚实。至此，全局黑地多且厚实，白已无争胜负的地方。

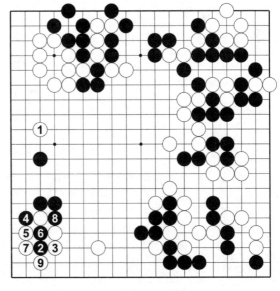

图 8－31

第9局　日本第二期名人战

黑方　坂田荣男九段　白方　藤泽朋斋九段

（黑贴五目　共229手　白胜十二目　弈于1962年10月4、5日）

吴清源　解说

第一谱　1—21

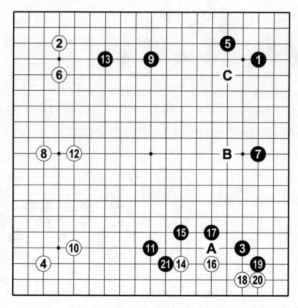

图9-1　实战谱图

图9-1　白6关守角，此手也可于7位分投。白8一般是按——

图 9-2 在1位拆,黑2分投,白3飞,黑4拆二。

现谱中白8是白棋的趣向。白8后,黑9当然。黑棋在此处以1、5守角为基地,再得7、9两着向两翼展开,成为理想的姿态。

白10守角,是重视左边的着法,此着是白棋的一贯趣向。黑11是大场。白12关,窥黑动静,稍缓但厚实,是白棋的布局构想。

黑13占大场,有疑问,此时黑棋应将重点放在右边,于A位单关补一手或在

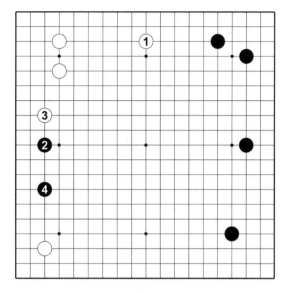

图 9-2

B、C位等处落子。白14打入,着意在此处用手段。黑15必镇,以下至20止,双方均为常识的应对,此结果黑方布局设计,可以满意。白18如按——

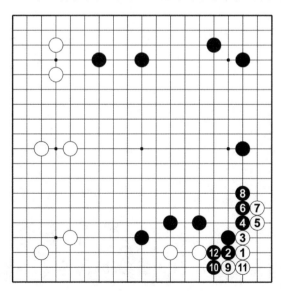

图 9-3

图 9-3 白1点"三·三"侵角,以下至黑12粘止形成转换。此结果黑外势很厚。

实战对付白20长,黑21尖顶有问题。

棋　论

品酒、敬酒、添酒,纵论天下大小事;感棋、思棋、悟棋,胸中自有百万兵。

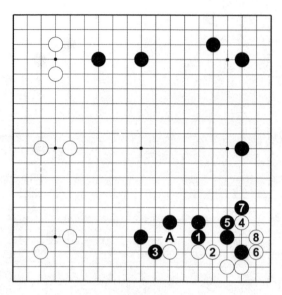

图 9-4

图 9-4 黑1位并才是正着，等白2长后，黑3再尖顶，此后假定从白4至8止，与谱中形状相同，黑1与白2交换，对黑极有作用。黑3尖顶时，白4如于A位上立则形成——

围棋精英1 坂田当时(1955年)有三个人必须超越，即吴清源、大前辈木谷实和被称为"本因坊之雄"的高川格。

图 9-5 图中白4如上立，黑5扳是严厉之着，白6挡，黑7接后，白将无妙手可以出头。

围棋精英2 1948年，读卖新闻社主办了在围棋新社里作为领头、以斗将闻名的坂田和吴清源之间的三番棋。1954年和1955年，又继续企划了两人的六番棋和十番棋。先相先三番棋是坂田三连败，那笔数额不小的对局费做了吴清源结婚的资金。

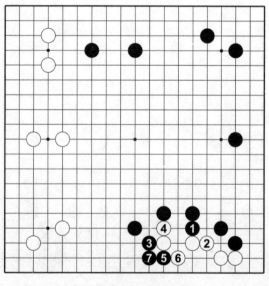

图 9-5

图 **9-6** 白如 4、6 冲断,则黑 7 以下至 11 的腾挪,放弃角中两子取外势,同时得到先手转于其他好点下子,此结果也是黑棋好。

围棋精英 3 复归日本棋院的四年后,同样是先相先的六番棋,坂田却取得了 4 胜 1 败 1 和的好成绩,坂田的行情立时看涨。

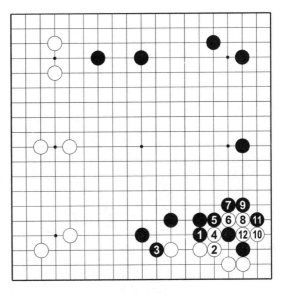

图 9-6

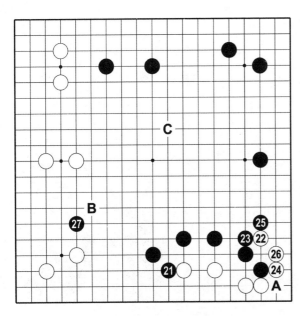

图 9-7 实战谱图

第二谱 21—27

图 **9-7** 白 22 立即趁隙攻击,可见黑前着轻率。

黑 23 压是黑棋在检讨局势后所采取的安全策略,但以下至白 26 止,实利的损失仍然很大。黑 23 于 A 位扳而用强,结果如何,研究如下:

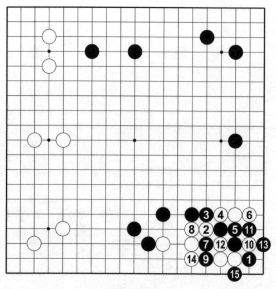

图 9-8

图 9-8

图 9-8 黑 1 扳挡后,白 2、4 如果切断黑棋,则从黑 5 开始,按图中次序应对至 15 止,黑棋成功。

围棋精英 4 但是,接着进行的十番棋,吴先生恢复了过来,以 6 胜 2 败在第 8 局时把坂田打入到了让先。可以说"十番棋之雄"的吴依旧没有敌手,坂田打倒吴清源的愿望仍未能实现。

图 9-9 黑 1 扳挡后,白 2、4 除了在此处求变外,别无良策,以下至白 14 的转换,正好与图 9-8 相反,结果白好。

围棋精英 5 20 世纪 50 年代,木谷、坂田的对战是日本棋界的一个招牌对局。开始时,双方还是互有胜负、难分伯仲的。后来,坂田的力量和棋艺超过了大豪木谷,大正一代在与明治一代的对抗中占了上风。

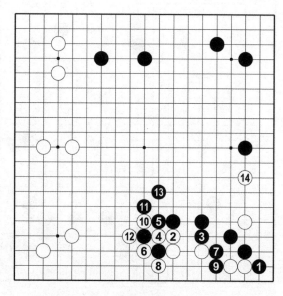

图 9-9

图 9-10 这是参照图 9-8、图 9-9 的变化，比较双方得失，得出的解决方案。如图黑 1 挡，至白 6 打时，黑 7 长是有力的一着，白 8 提后，黑转于 9 位夹，也较谱中着法为优，因此黑 1 扳挡的一着可以成立。

黑 27 考虑不周，作战方向错误。此处瓦解了白于 B 位围一着，虽是大着但也可暂置不走。此时应于中腹 C 位附近大围，形势是黑方充分。

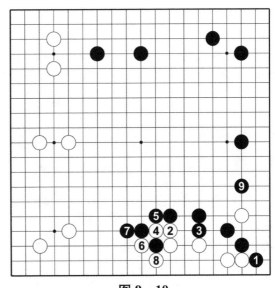

图 9-10

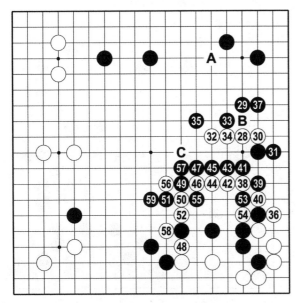

图 9-11　实战谱图

吴清源　精湛棋艺赏析

第三谱　28—59

图 9-11 现从白棋的角度着想，可以从各种各样的位置，直接打入黑棋的大形势中去。白 28 如于 A 位尖冲消空，也是可行的手段。

黑 29 是迎击白棋唯一的着法，此手如于 30 位长应，则白于 B 位长，或于 29 位关，如此正中白计。

白 30 似可单于 32 位关。白 32 关重，此手如按——

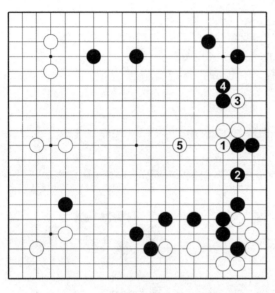

图 9 - 12

经典珍藏

图 9 - 12 白1位曲,黑2后,白3托,5向中腹关出,力争出头,方为有力。

现谱32关,正合黑棋所料,因此黑33点、35跳,攻击步调接踵而至。

白36如按一般着法于C位飞,则黑棋于43位飞攻,好步调,白棋处境更困难。现白36扳,试黑应手,也是使中腹白棋脱困的一个步骤。黑37如于40位长——

图 9 - 13 黑1长,白有2至10的腾挪手段,白棋顺风满帆。

所以实战黑37立,避免走成本图之形。然而此手或许在38位飞才是本形。白38如单于40位打,则黑占38位,白棋无味,现38腾挪。至此,此处形成了激烈的攻防战斗。

从黑39开始,至47止是双方必然的应对。白48顶,是崩毁黑形的急所,可目前白棋期待此处为目标,着手进攻,是失败之着。

黑49扳严厉。依靠此一扳之功,形成黑棋中盘的优势地位。据此白48除49位长出外,别无他法,白长后,黑在48位压整形。对

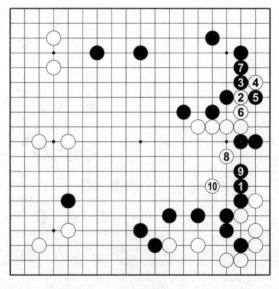

图 9 - 13

付白50,黑51不该如此应对。

图 9-14　黑应 1 位断,至白 8 止,弃子形成坚厚的外势,黑优势。

因黑 51 不慎,白便有 52 的手段,白 52 长后,黑于 53 打、55 断,形成至白 58 止的结果,白竟舍弃四子。此处黑 51 次序错误很明显。黑 59 如按——

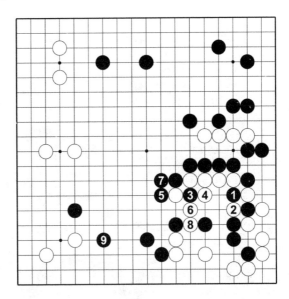

图 9-14

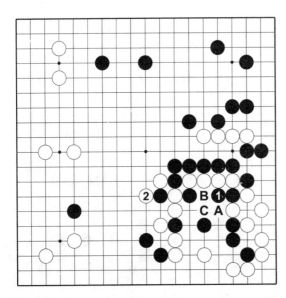

图 9-15

图 9-15　若于 1 位长吃白四子,则白 2 打,黑出头受阻,棋形不好。且白还有 A 位打,B 位提,再于 C 位断的手段,吃掉黑棋下边数子。

围棋精英 6　在大正末年(1920 年)出生的坂田,以及与他同时代的大五岁的高川、大一岁的藤泽朋斋,是当时就被日本棋界寄予厚望的三个年轻人。

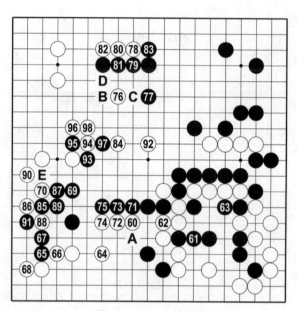

图 9-16　实战谱图

图 9-16　白 60
如——

图 9-17　应于 1
位打，以下至黑 4 止，白
吃黑七子获利，但黑棋形
势很厚。

实战有了白 60 一着
后，白再吃黑七子就很
大，因此黑 61、63 不得不
这样走。黑 65、67 应单
于 69 位关，方是正着。
下边黑棋两子，乍看已被
捕获，其实此处尚留有手
段，对此应当注意。

黑 69 变调，黑根据

地被白 70 占去。黑 69 关
时，下一步认为 70 位或 71
位两者必得其一，总是黑棋
优势，其实此手应于 85 位
补，方才安逸。白 72 应于
A 位双，吃净黑二子，方是
正着。局后藤泽朋斋也认
为应按前述着法为是，但由
于白棋当时棋势已不佳，所
以勉强在此用强。

至黑 75 止，此处交锋
告一段落，黑厚势已形成，
且下边尚留有活动黑棋两
子的手段，是黑方有希望的

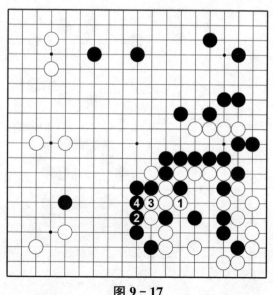

图 9-17

114

局面。白76是争胜负的一手,此处白原应于B位镇,方是正着。由于白B位镇后,黑当然也于C位围,一路之隔,差别却很大。

黑77关,是形势判断错误的第一个关键之着。此手必须于B位靠,打在白76的要处。以下白如于81位靠,则黑D位接,白79位平,黑83位立,应该如此作战,想来黑棋并无不利之处。由于黑77持重的缘故,从78至83止,被白棋取得先手便宜,黑棋损失不小。

白84是全力以赴的一手。可此处也有平稳的着法。

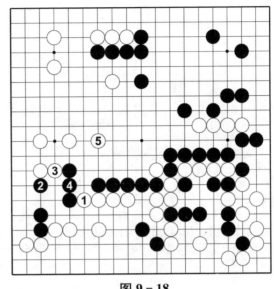

图 9-18

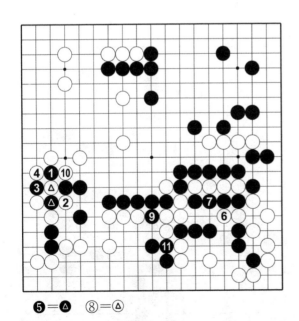

❺=△　⑧=△

图 9-19

图 9-18 白1至5止,采用坚实的步调,边攻击边进入中腹。

实战黑89缓着,难以理解。此手曾预定于E位打,是当然手段。

图 9-19 黑1打后至白4成劫争,至11转换,可当时竟迷惑了。这是判断错误的第二个关键之着。

实战黑89实接,是微妙对局心理所致。至此,被白棋占到92位,黑棋便陷入困境。黑棋在下边的手段,双方均能算到,可迄今

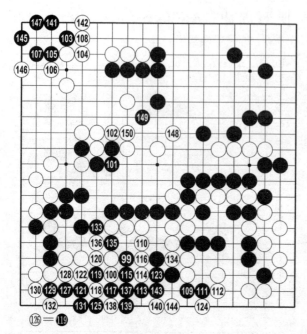

图 9 - 20

⑫ = ⑲

为止,因为忙于其他方面,不能分身于此处。现在的局面已经达到高潮,从形势来判断,黑棋除了在下边争取最后的胜利之外,已别无良策。

第五谱 99—150

图 9 - 20 黑99靠,千虑之失,是致命的误算,关系到侵入下边黑棋的生死,使黑棋在一刹那间失去了胜机。

围棋精英7 藤泽在1949年成为升段赛中产生的第一个九段,其升段的速度令人惊讶。坂田成为九段是1955年1月,比藤泽整整迟了6年。

图 9 - 21 此手应沉着地在1位扳才好。黑扳后,白2只有接,黑3虎整形,以下至黑7成劫,此后便形成一场生死战斗。图中白4如于5位靠——

围棋精英8 藤泽朋斋喜欢下模仿棋。第4期"NHK杯"决赛,在最年轻的藤泽和坂田之间进行,坂田执黑,藤泽执白下起了模仿棋。

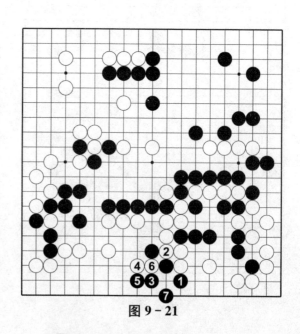

图 9 - 21

图 9-22 白 1 破黑眼，黑 2 先手长后，4、6 冲断是妙手，此时白 7 如于 A 位断，则黑于 10 位打也成劫，现白 7 想净吃黑子，但经黑 8 至 12 止的应接，黑棋反而净活。

名人名言
秀荣

妙手并不是围棋的正道，棋应该以平凡朴素的着法来取胜。（这段话让我想起李昌镐的棋，平凡的棋中含着不平凡的思想，这是迄今还没有人能复制的一种

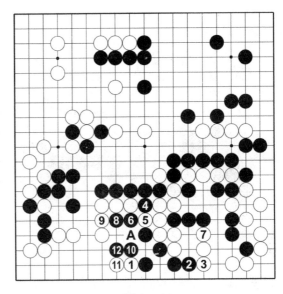

图 9-22

棋风。）

图 9-23 黑 1 扳后，白棋采用 2 虎挡的应法将如何呢？这时黑 3 靠才是好手，以下至黑 17 止成劫活。

黑棋判断形势时，是将下边应有的手段估计后，据此做出推向终盘的构想，但由于黑 99、109 先后次序错误，招致白 110 最强应手，使一块黑棋无条件被擒，对局就此告终。

白 140 止，大块黑棋已死。又 103 托时，白 104 如

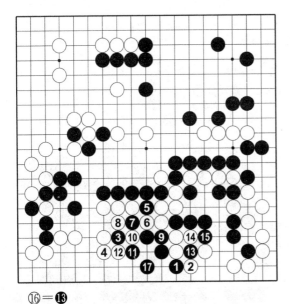

⑯＝⑬

图 9-23

于 108 位扳——

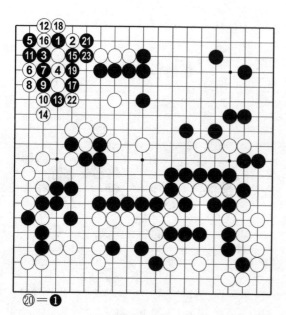

⑳=①

图 9 - 24

实战黑 141 后,双方的
应对已与胜负无关。

围棋精英9 坂田说:
"被模仿虽然心情不会愉
快,但若反过来想,是自己
诱使对方模仿,最后巧妙地
夺回天元的话,我想,模仿
棋是一点也不可怕的。"

第六谱 51—129
(即 151—229)

图 9 - 25 现列出
第六谱,黑棋认输只是时
间问题,本局是坂田发挥
不佳的一局,也许是对局
颇多,疲劳的缘故吧。

棋 中

在围地和造势的对
立统一中,弈枰完成天地
荡气回肠的真情演绎。

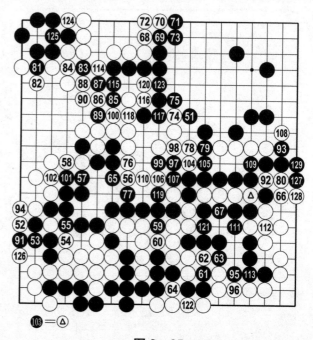

⑩=△

图 9 - 25

第 10 局　日本第二期名人战

黑方　林有太郎七段　　白方　吴清源九段

（黑贴五目　共252手　白胜六目　弈于 1962 年 11 月 30、31 日）

吴清源　解说

第一谱　1—24

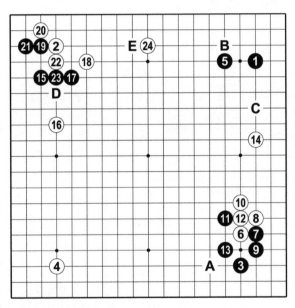

图 10 - 1　实战谱图

图 10 - 1　白 6 如于 7 位低一路挂——

图 10－2　白1挂后，假定走成黑6为止的定式，则A位即成为黑棋的好点。

所以实战白6选择高挂。

如果图 10－2 中右上黑 ⚫ 一子是在B位小飞，则黑走到A位时，配合不及前一形势，因此当黑 ⚫ 一子在B位时，白1即可采用低挂。

实战黑11如于A位拆一，白仍于14位开拆，那时如果右上角黑5一子是在B位小飞守角，则黑再拆得C位才是绝好之点。

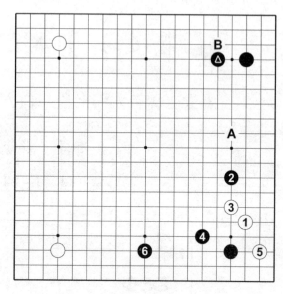

图 10－2

黑15挂是当然的大场。白16二间高夹是比较常用的定式。

我是第一次经历黑17的关。此着于D位尖居多。

图 10－3　至白4为定式，以下黑5挂、7高夹，虽是有力的着法，但是白8位置很好，以后留有A位飞角或B位的点。

白18如按——

棋　形

如果棋形是围棋的战术，那么造势则是围棋的战略。

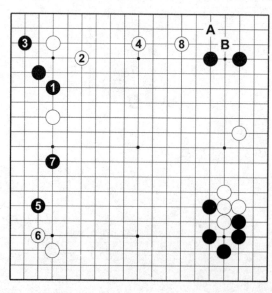

图 10－3

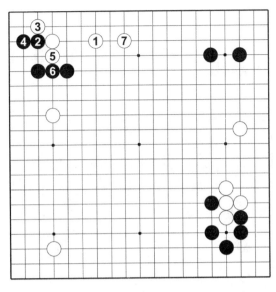

图 10 - 4

图 10 - 4 白于 1 位拆二,是坚实的下法,以下会形成至白 7 为止的结果。可是从白棋立场来看,未免过于坚实。

实战白 24 也可退一步于 E 位大飞。

围棋计算 1 有位作家曾经问坂田荣男九段:"超一流棋手能计算多少步棋?"

第二谱 25—36

图 10 - 5 对付黑 25,白曾考虑过几种方案。

围棋计算 2 坂田答道:"在对杀或一些大型定式的变化中,无论多么长或多么复杂的棋都不难计算,甚至一眼就能看出来。"

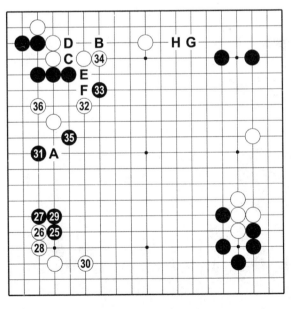

图 10 - 5 实战谱图

图 10-6　白 1 夹,黑 2 托,白 3 扳、5 虎有力,以下至白 7 飞后,假如形成至白 11 止的结果,此后白于 A 位压或于 B 位断,两者必得其一。故黑 10 先于 C 位压,是好手,白 D 位长后再 10 位扳,白 11 位长,黑可于 E 位关出,那时白不能于 B 位断,不好。

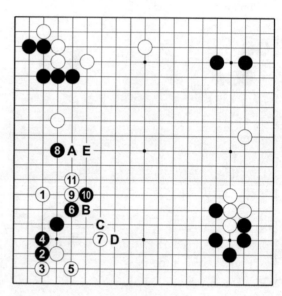

图 10-6

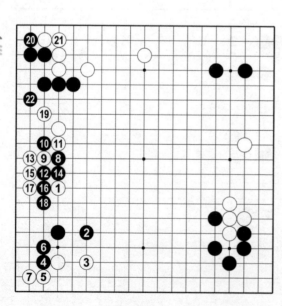

图 10-7

图 10-7　白 1 二间高夹,以下至白 7 长时,黑 8 打入是严厉之着。坂田荣男认为黑 8 打入之后可形成至黑 22 为止的应对,白未尝不可以走。

实战黑 31 如高一路于 A 位夹,亦很有力。

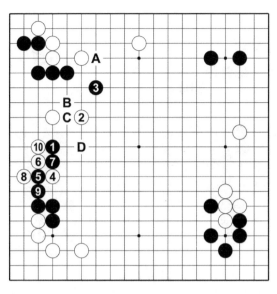

图 10 - 8

图 10 - 8 黑1、3后，白如A位并，则黑B觑，白C位接，黑D位关，白棋无趣。因此白4先打入黑地，打算应用至白10为止的腾挪手法。

实战黑33如——

围棋计算3 坂田说："虽然从广义上说，这也是计算力，但职业棋手把这称为'看'，而不是计算。"我想这就是职业棋手和业余棋手的区别，职业棋手具有更高层次的技巧和能力。

图 10 - 9 黑1冲试应手的着法。白如2位挡，则黑3夹是要点，以下至黑13止，分断白棋而出头。

实战白34并是形的急所，如果不走，黑便于此处靠，白B位扳，黑C、白D、黑E位打，取得先手之利。黑35如于F位退——

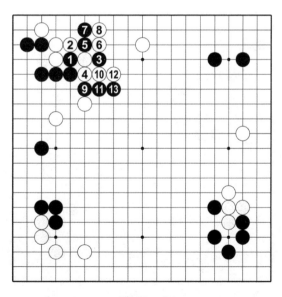

图 10 - 9

图10－10 黑1倒退回来,则白2压、4长,白6曲后取得先手,再抢占谱中G位大场。

故实战黑35飞攻,有挫白意图的作用。白36如按——

围棋计算4 职业棋手长考,不是因为他不知道这些必然的变化,而是在考虑几种变化中哪一种更有利,以及其结果将对全局造成什么样的影响。对手成大模样或构筑较大的实空时,侵消对手的模样或打入对方阵营活棋,对职业棋手都不是难事。

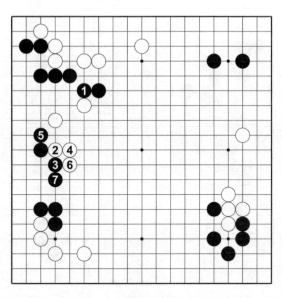

图 10－10

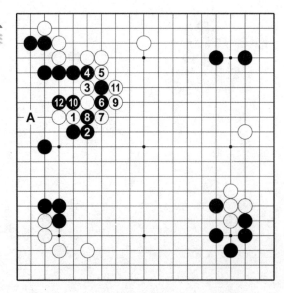

图 10－11

图10－11 白1长,黑2当然,白3冲断时,倘若黑4、6正面应战,则成黑12为止的转换,白得先手,白可行。但白3时,黑4改于A位飞是好棋,待白于6位曲补后,黑可占得谱中H位的大场。

围棋计算5 难的就是如何打入、如何活棋:是侵消还是打入活棋,是弃子取势还是保留余味,甚至是在其他地方行棋、是否有接应等。

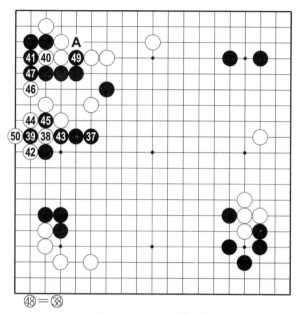

图 10 - 12 实战谱图

图 10 - 12 黑 37
如照——

围棋读棋 1 专业
棋手多从儿童时代就开
始了读棋训练。就像马
拉松选手每天练习长跑
一样。所以专业棋手能
看出五百步、一千步棋并
不奇怪。石田芳夫九段
就曾说:"一目千步。"

图 10 - 13 黑若于 1
位退,则白 2 压至 6 挡为
止,向外走出。

故黑 37 并成铁头,以
攻为守。

围棋读棋 2 专业棋
手读棋的质和量也不一样。
不仅因为平时下的工夫不
一样,而且因为人生观、方
法论的不一样,面对同一局
面,不同的人会读出不同的
结果。

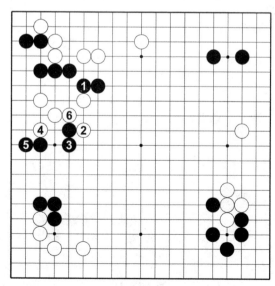

图 10 - 13

图 10－14 黑 1 尖，白 2 跨、4 断是要着，以下至白 8 长出后，由于黑棋攻之过急，本身反生出破绽，难以应对。

实战白 40 以下，是由于左边含着劫争而先于此处求变化的手段。在没有贴目的情况下，这是白方应有的态度，如有五目贴目则不必如此自找麻烦。

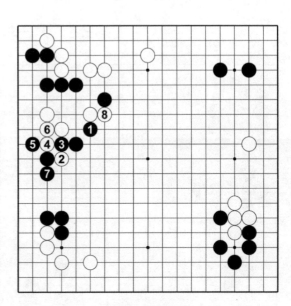

图 10－14

图 10－15 白 1 至 7 平易地出头，是稳健的下法。以下黑 8 关，白占 9 位，黑 10 是当然的大场。白 11 冲，先手防黑于 A 位打入，最后至白 15 拆为止，因有贴目，故分出细微的胜负。

实战黑 43 依照——

围棋读棋 3 木谷九段读棋的量非同寻常。他能看出那么多步，常常令人吃惊。坂田先生和他不太一样，他常会想到常人不去想的着法。

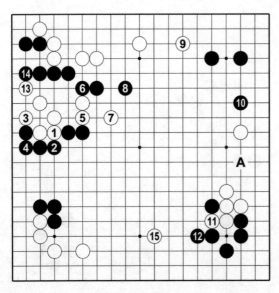

图 10－15

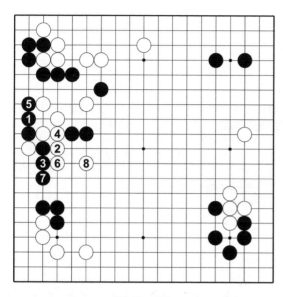

图 10 - 16

图 10 - 16 黑 1 长,白 2 打,以下至白 8 的结果,黑得到相当的实利,如此着法亦无不可。

今实战黑 43 打成劫,严厉。黑棋在上方有劫材,颇有成算。白 46 是预定的劫材。黑 47 可于 49 位先冲,与白 A 位挡做交换,再 47 位接。

图 10 - 17 黑 1 冲,白 2 挡,黑 5 断时,此处劫材价值增大,因此白 6 要应,会形成至白 16 为止的转换。

至此,左边的黑地虽大,但在上边送掉 5、11 两子。右下角方面,如果黑于 A 位立,白便于 B 位长,以后白棋在角中留有 C 位点的手段,因此白 14、16 也是相当严厉的劫材。

实战黑 49 寻劫,此处劫材价值较本图为小,况且如在此处应,白的劫材就不够,因此白 50 提劫做转换。黑方当然考虑过本图的应对。黑棋在谱中的进行,以能取得白棋四子就认为充分,因此舍弃了本图的着法。

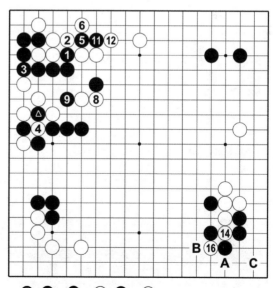

❼、⓭＝△　⑩、⓯＝④

图 10 - 17

图 10 - 18　黑 51 吃法好,此手如于 61 位打,则被白于 53 位先手跳,黑须 A 位立应,损。此处转换的结果,黑无不满。左上角白下了四着,左边黑子仅下了一着,从手数上分析,黑亦不损。

由于白劫胜的关系,故白 54 进行攻击。黑 55 大场。白 56 与黑 55 两处是各得其一的地方,倘若黑 55 于 56 位曲,则白 56 即于 B 位拆。

黑 57 有疑问。此手

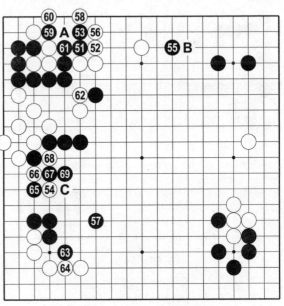

图 10 - 18　实战谱图

如于 65 位托,则白 66 位挖,黑 67 位,白 68 位,黑 69 位,白 C 位压,黑棋仍被分成两块,在此走不出好棋。

图 10 - 19　黑 1 位跨是好棋。白 2 先手飞,其次白将在 A 位或 B 位开拆,但是从图中可以看到,上边白棋比较单薄,如果白棋以 C 位打入黑地,将有所掣肘。

实战白 58 扳,看黑棋的应法如何。黑 59 如照——

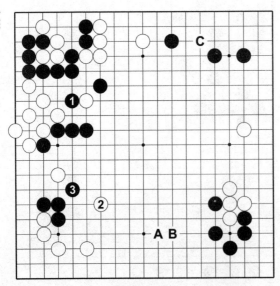

图 10 - 19

图 10 - 20 黑于 1 位打,虽不致被白棋所吃,但稍不干净。以下白 2 打、4 接,黑 5 扳吃到白五子,但将来白于 A 位提是先手,此处白棋极厚,所以黑棋不行。

又图中黑 5 不扳而于 A 位长,则形成——

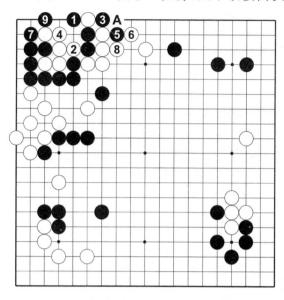

图 10 - 20

影响到右边黑地,所以也不好。又图中黑 7 只有跳,如果不注意而于 8 位扳,则有白 A、白△,白于 7 位跳得要点后,黑棋反而被吃。

白 62 切断黑棋后,在角中留有官子便宜,是既厚实又大的一着。黑 63 尖意外,但此手是黑 65 的准备。黑如不走 63——

围棋读棋4 林海峰的习惯是读到很远很远的地方,但只是看看渡桥是不是结实,并不过河,然后再回过头来走最安全的路。每个人都有自己的读法,因此围棋有意思。

图 10 - 21 黑 5 长、7 跳后,白有 10 尖的一着棋,

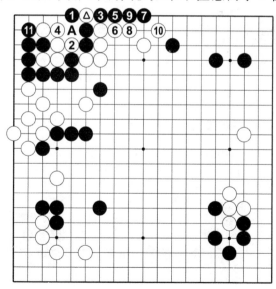

图 10 - 21

图 10-22 黑 1 托，白 2 以下至 6 长出，黑 7 扳后，双方应对至白 22 为止，白棋全部逃出。如果黑 A 和白 B 预先做了交换，则黑即可于 C 位吃白棋。

图棋读棋5 年轻的本因坊丈和执黑以二目战胜安井仙知的一局，除了因为是名局中的名局外，关于它的一些逸事也广为人知，如下到一百手左右，双方都读出来黑胜两目。

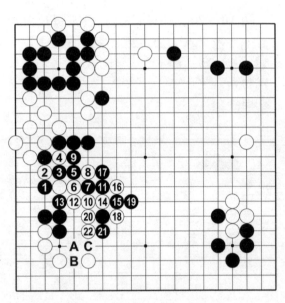

图 10-22

第五谱 70—95

图 10-23 白 70、72 是愉快的先手官子。

白 78 如不立即打入而于 A 位拆，则黑即于 91 位顶，白 B 位长，黑得先手转于下边占 C 位大场，白失去打入的机会。黑 79 如照——

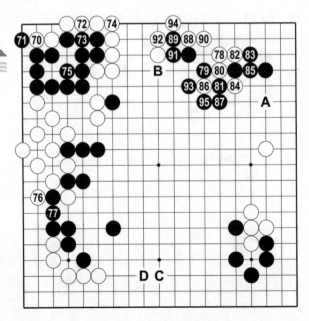

图 10-23 实战谱图

130

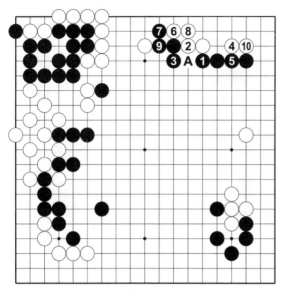

图 10 - 24

图 10 - 24

图 10 - 24 黑 1 压，以下至白 10 为止，白棋活得挺大，而且白棋还有于 A 位冲断的手段，黑不行。

围棋读棋6 丈和第一百零一手考虑了三个小时，得出了胜两目的结果。仙知在下第一百零二手时，看出自己输两目，为了想办法只输一目，他苦苦考虑了约三个小时，但始终没有发现改变输两目命运的一着。

图 10 - 25 黑 1 挡，白 2 以下至 8 为止渡过，此后白棋还有于 A 位夹及 B 位断的手段，黑也不好。

故谱中黑于 79 位尖。白 80 如按——

围棋读棋7 只要进入竞技状态，在很早的阶段就可以一直看到终局。当时的丈和与仙知也许已经看出去上千手，读到了所有的变化。

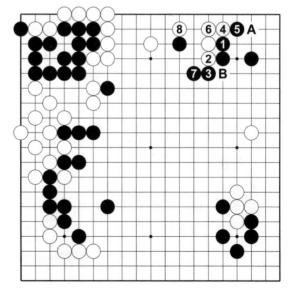

图 10 - 25

131

图 10－26　白于 1 位靠,也是常走的要点,但以下形成黑 2 至 22 为止的应对。如此结果,白地虽有所增加,但黑外势相当厚实,接下去如果白 A 位打,黑 B 位接,白 C 位长后,谱中下边 D 位的大场即被黑棋占去。

实战黑 83 如照——

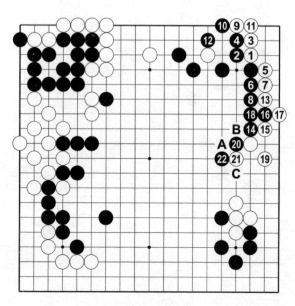

图 10－26

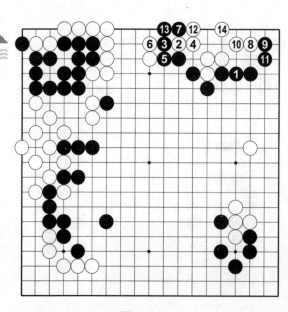

图 10－27

图 10－27　黑若于 1 位接,则白 2 以下至 14 为止,白棋便活得很舒服。

今谱中 83 虽是强手,但此处变化非常复杂。黑 93 如照——

［说到底,围棋是比拼算路的竞技。——编者注］

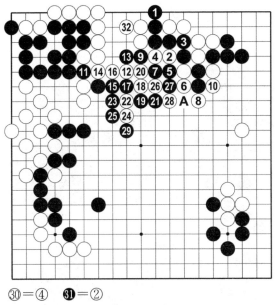

㉚＝④ ㉛＝②

图 10－28

图 10－28 黑 1 立，白 2、4 是必然之着，黑 5、7 打后就可于 A 位征吃白子，所以白 8 扳打，黑 9 与白 10 交换后，仅就右边而言，白方确实大为有利。可是当黑 11 冲出，白 12 飞出好，黑 13 至 17 包围白棋后，事态扩大。黑 19 如于 20 位断，则白于 19 位上立，可吃去黑三子，因此黑 19 只有扳，白 20 接时黑 21 长恶手，以下白 26、28 先手断黑，至黑 32 为止，成为有眼吃无眼。

图 10－29 因此，黑 21 挡紧是正着，白 22 至 28 是必然的次序。黑 29 至 33 夺白眼位，以下至 41 为止，此处终成白先手双活，由于白得先手后可再于 42 位取得全部角地。

因此实战黑 93 如果用强，则导致崩溃的结果。到黑 95 为止，在此处是双方和平解决。

（由此可见，职业棋手算路真是深远。）

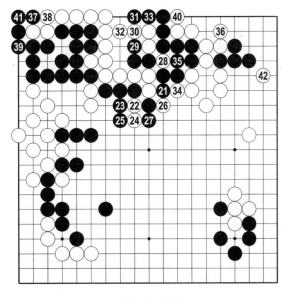

图 10－29

图 10-30　黑 97 如照——

图 10-31　黑 1 挡,白 2 断,虽然黑 3 打、5 长吃白棋,但白于 10 位断后,右边二子被吃,黑损。

因此谱中黑 97 是正着。白 98 能转占到这一要处,大致已形成了细棋的形势。

黑 99 好着,意在利用上方及左方的厚势,而此处正是利用两方厚势的中心点。白 100 按"镇

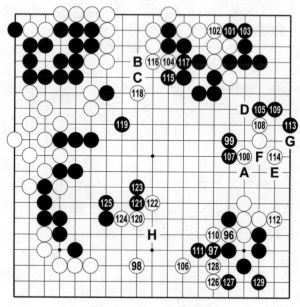

图 10-30　实战谱图

以飞应"的常识来讲,宜于 A 位飞。但如飞则中计,因黑有 108 位的靠。

黑 101、103 大极,如白立到 101 位,进出之差不仅是看到的十目价值,而且涉及白棋的劳逸,可以说是盘上最美之着。

白 104 如不走,黑便于 116 位扳,白 B 位扳,黑 C 位连扳严厉。此处如被黑棋先手封净,则黑棋厚味立即增强。黑 105 拆二大棋,但如于 108 位靠则形

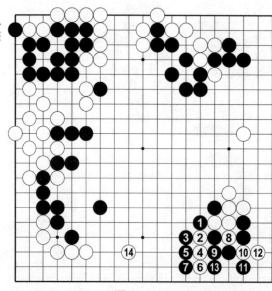

图 10-31

成——

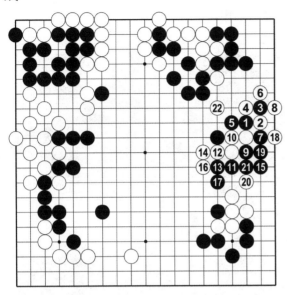

图 10 - 32

图 10 - 32 黑1靠、3扒,白4、6打,8提后,黑便走不出好棋。如黑9打至15双虎时,白16先手曲,以下至白22枷为止,吃去黑棋两子。至于白20等六子,黑方是不易捕获的。

实战黑107压有力,生出114狙击白棋的要点。白108防黑于114位打入。黑109如D位上立,就松了。今下立后,可于E位攻击白棋。

白112防备黑棋打入,白立后,黑如再于114位打

入,白F位接,黑G位尖,白E位扒,没什么大不了的。黑117有疑问,此手实得十目,还可攻白。虽然很大,但我认为可不走,而单于下边H位封住白棋较大。

白118好点,此手如不走,被黑于C位跳,白棋即有被封之虞。黑119飞,此处如被白所占,差别很大,白120沉稳。

黑121不能脱先,否则白于123位关是好点。白122至125是双方必然的应对。黑129应法好。

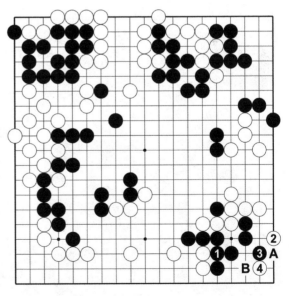

图 10 - 33

图 10 − 33 黑若 1 位接,则白 2 飞,黑 3 尖时,白有 4 靠的要着。接下去黑如于 A 位挡,则白 B 位长,黑角中眼位不全。

又如黑不于 A 位挡而在 B 位虎——

图 10 − 34 黑如果 1 位虎,则以下至 9 为止虽可活,但损官子。

围棋读棋8 但是,即使花了时间来读棋,也不一定能走出好棋来,这就是围棋的高深之处。年轻的职业棋手下快棋,一着棋十秒钟,练棋,不单单是读棋,瞬间的灵感(即感觉),也是平时练出来的。

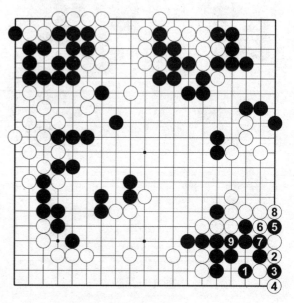

图 10 − 34

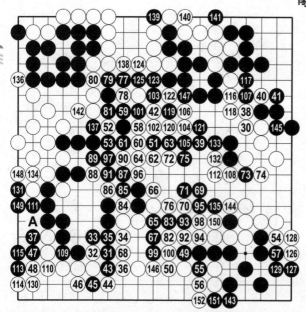

图 10 − 35 实战谱图

第七谱 30—152
(即 130—252)

图 10 − 35 目前局面下白 30 曲及 A 位渡,究竟哪一处大,很难讲。白 38 曲后——

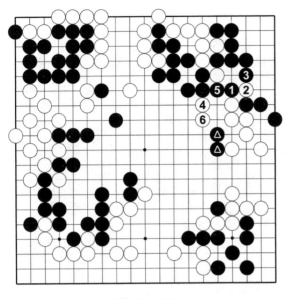

图 10－36

图 10－36 黑如 1 位扳，白 2 断，4、6 出头后，黑 △两子便成孤子。

故实战黑 39 不得不补。白 42 尖出头，下一步白可于 52 位尖顶，黑 53 挡后，白于 59 位扳，断吃黑一子。又白 42 如于 58 位压，则黑 60 位扳，白 102 长，黑 59 位接出黑一子，白不好。白 46 如照——

图 10－37 白若于 1 位接，则黑 2 是妙手，白 3 打、5 接，黑 6 断，以下至 12 止将成双活或劫。

所以说实战黑 43 先冲、45 断，再 47 爬，次序好。白 54 时，可在右下角用——

棋　段

高手眼里，几颗棋子，遽然撒豆成兵；低手运棋，一堆棋子，反成目标。

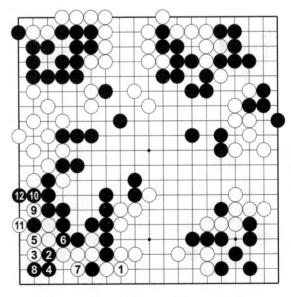

图 10－37

图 **10-38** 白 1 挤的手段，至白 7 顽强打劫。但由于看到白形势不坏，故谱中 54 曲一着。

黑 55 如不冲，白即走逆官子，于此位接很大，如再扳到 143 位，黑难应。黑 59 有劲，也是因有贴目的关系。

棋 悔

没有切身之痛，不知昏着的杀伤力。昏着，它是翻盘的根源，也是好局的毒药。

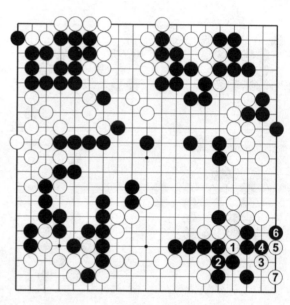

图 10-38

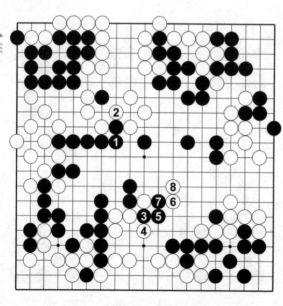

图 10-39

图 **10-39** 黑 1 接，就相安无事，白 2 挡后，黑 3 断，以下进行至白 8 为止，黑安乐死。

实战白 64 只有接，此手如于 90 位虎，则黑 101 位挤，白 102 位接后，恐黑于 103 位断。黑 67 如于——

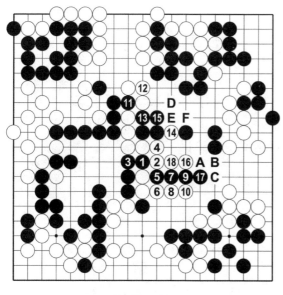

图 10 - 40

图 10 - 40 1 位挖，再 5 位断，至黑 11 挤断白棋，白可于 12 位接，以下应对至白 18 为止，此后，白既可于 A 位长，黑 B 挡后，白即 C 位断吃；又可于 D 位枷，黑 E 位冲后，白即 F 位滚打，两处必得其一，因此黑 1 挖是无理之着。

实战黑 77 一手如于 95 位曲，照应黑 65、67 两子，则白即于 93 位曲，黑苦于接回的形状不太好。黑如于 100 位接回两子，以下成白 90 位先手长，黑 91 位补，白再于 107 位接。白棋的胜势依然不能动摇。

黑 83 冲，如是准备送一子给白棋吃，则白走 86、88 也送两子，此两子虽然损，但唯有如此才能吃到黑 83 等三子。黑 87、89 是最妥善的应法。

黑 93 及 99 虽是多送掉两子，但为了切断白棋，只得采取这种手段。一切断之后，还可吃到上边两子白棋，因此黑并不损。白 98 虽能吃到黑五子，但是黑 101、103 也吃去白两子，像这样的吃法，白棋没有什么好处。

黑 107 是目前盘上最大的一着，白 108 次之。至此，因有贴目，胜负已悔之不及。此局第四谱黑 57、第六谱黑 117 是有关胜败之着。

第 11 局　日本第二期名人战

黑方　吴清源九段　白方　半田道玄九段

（黑贴五目　共 175 手　黑中押胜　弈于 1963 年 2 月 14、15 日）

吴清源　解说

第一谱　1—22

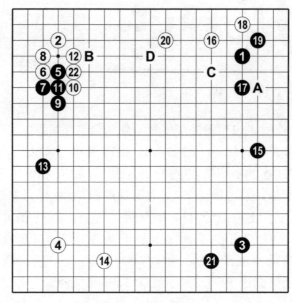

图 11-1　实战谱图

图 11-1　黑 7 如照——

图 11－2 于 1 位顶，走大雪崩定式也有力。图中白 10 向里曲，以下至黑 25 止，大致是定式的一型。

（1962 年与半田九段亦有一局，那局棋左下有白子是小目，因白 26 大飞，黑得于 27 位大飞。今谱中左下角是星位，图 11－2 中白 26 如不在左下小飞，而径自于上边 A 位飞，如此结果不太令人满意。以上仅是个人意见，尚不知半田九段以为如何。不过前后两局走成同形，我不太赞同。因此黑 7 扳试行变化。）

白 10、12 是旧定式。

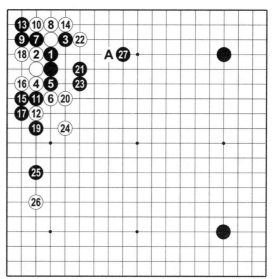

图 11－2

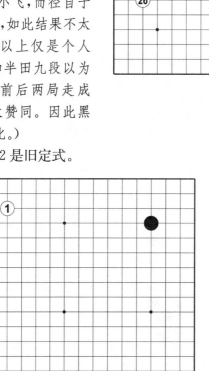

图 11－3

图 11－3 现在单于 1 位拆一，是流行下法，这样黑 2 挂，估计走成黑 6 为止的变化。又黑 2 单于 6 位拆，则白于 A 位大飞是绝好点，此后还有白 B、黑 C、白 D 的严厉手段。

实战白 14、黑 15 均是大场，双方布局从容不迫。白 16 是当然的大场，此手如在 A 位这一带挂角则是变招，在 16 位挂是正着。

白 18 至 20 是常型。黑 21 先于 22 位冲，与白 B

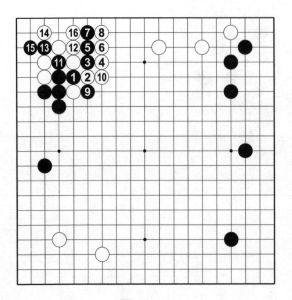

图 11-4

交换后再占 21 位大场。当黑于 22 位冲时——

图 11-4 白 2 如挡，黑 3 断后至 15 止，黑先手吃白两子，白损。

实战白 22 接，厚而好。在上边，如果黑先于 22 位冲与白 B 做了交换，此时白如在 C 位关，则黑可于 D 位肩冲消空，这是顺当的下法。

图 11-5 白△接后，黑若于 1 位肩冲，则白 2 长、4 飞。当黑 5 关时，白 6 转于左下大飞，是非常的好点。此处黑 7 脱先，白 8 打入严厉，黑 9 尖无理，以下白 10、12 是常用的手法，至白 18 止，黑棋不行（此后黑如于 A 位立，则白有 B 位虎的要着）。

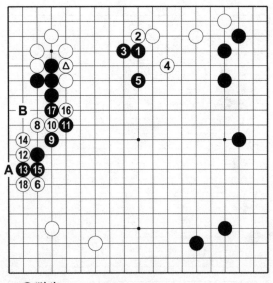

❼脱先

图 11-5

142

图 11-6　黑23曾考虑照——

棋　戏

至实太虚，至虚太实，东方人的辩证思维，在感人的游戏中感悟人生。

图 11-7　黑1位顶，但白2扳，以下至黑7征吃白子时，白有8、10引征的手法，黑穷于应付。

今实战黑23肩冲、

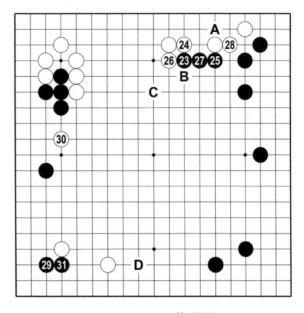

图 11-6　实战谱图

25压，是削减白方形势，同时扩大自己势力的常用手段。

黑27应于28位虎，白A位立，黑B位长，方是正着，接下去白虽可于C位扩展形势，但黑可于D位开拆，或于29位点角，侵消白地，如此是黑易下之局面。今黑27接，被白28一长之后，此处有破绽，黑棋不干净。黑29如照——

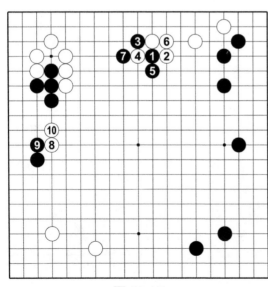

图 11-7

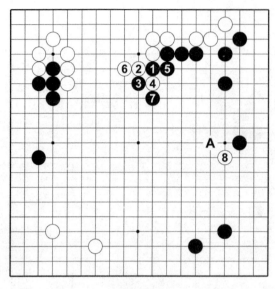

图11-8

图 11-8 黑1、3连扳，在上面守护，虽有步调，但至白6为止，上边白的实地很大，此时黑棋有A位关一子，则黑1、3也可行。但当黑7打之后，白8即来消空，黑棋不满。

白30如照——

棋 劫

"劫"这个东西实在太奇妙，人死不能复生，棋死却可劫活。另外还有"长生劫"，真叫人感慨万端。

图 11-9 白1挡，至白7为止是必然的下法。此时黑可于8位接，因征子于黑有利，白不能于A位征吃黑子。

白30声东击西，是富有谋略的一手棋。

围棋预言1 20世纪80年代，藤泽秀行先生人在仔细观察了中国棋坛后，就向日本棋手敲响了警钟："我们如果袖手，他们用不了十年就会席卷日本棋坛。"

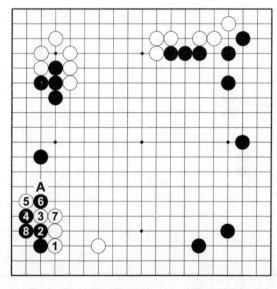

图 11-9

图 11－10 黑如 1 位托，则白 2 转于角上挡，等黑 7、9 接后，白再转于 10、12 扳打。白 14 征吃黑子，黑 15 如果逃出，则白 16 与黑 17 做交换。白 24 提黑一子，黑 25 打，白 26 征吃黑子，至 32 粘为止，此后 A、B 两处白必得其一，黑苦。

故实战黑 31 于角中长，反击。

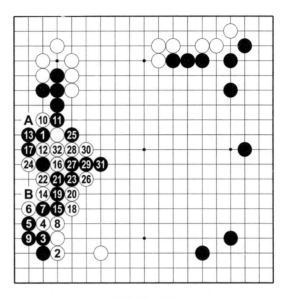

图 11－10

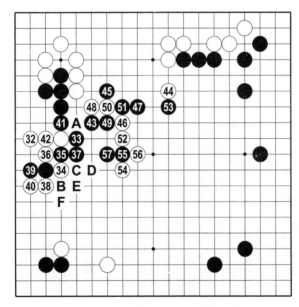

图 11－11　实战谱图

第三谱　32—57

图 11－11 白 32 也可于——

围棋预言 2　当时，藤泽的话几乎没有人相信。但是，很快，藤泽的话便得到了应验。在 1985 年开始的中日围棋擂台赛中，日本吃了三连败。特别是三耳先生(指聂卫平)一个人就把日本棋手弄得狼狈不堪。包括藤泽在内，小林、加藤、武宫、大竹等一流棋手合计吃了十一连败。

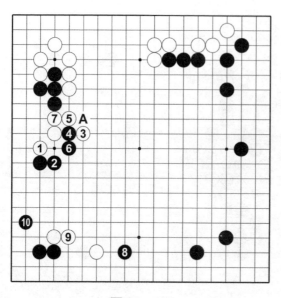

图 11-12

图 11-12 白1、3,黑可弃四子,黑8转于下边开拆,总攻白棋。下方白受损,则黑右边的形势自然可以扩展,而且黑还有A位的断,如此黑可行。

由于实战白32不尖而跳,黑也就不必放弃四子,而于33位压,这是要点。

白34如于37位扳,棋就难下。因为白扳之后黑便于A位退,此时白有35位的断点,如果白再于35位接,形态不好。

今白34压虽是要点,但不如于35位长好。

图 11-13 白1长,黑2曲后,白3夹,如此局面较为多变,黑如在4位飞,则白5、7可一边总攻黑棋,一边朝黑棋大形势中走去。

由于实战白34压,黑35便挖,成为黑易下的形状。黑35至白40是双方必然的下法。

黑43虎后告一段落,此时的形势是:左边黑空被破,成为白地;但左下角黑棋也走到两手。由于黑43虎后棋头高而畅,黑不坏。另外,黑方还可以利用厚味攻击白棋,有B位断吃、白

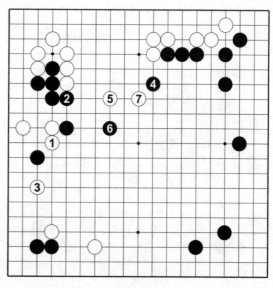

图 11-13

146

C位长、黑D位扳打、白E位曲、黑F位长的攻击手段。

白44关是形势要点。黑45飞，乍看十分危险，但——

图11-14 白1、3如果切断黑棋，则黑4打、6飞后，有A、B两个要点，黑必占其一，因此不怕白棋切断。

实战白46镇，窥视黑棋弱点，积极主动。黑47反击。黑49如于50位挡，则白49断，今黑49、51走法比较易于作战。

白52当然。黑53压是形。白54关攻击黑棋，意料之中。

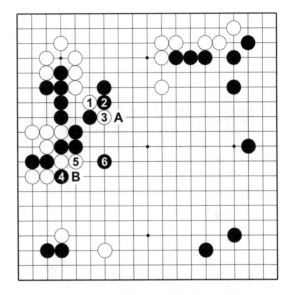

图11-14

黑55挖是狙击白棋的要点。白56如从57位打——

图11-15 黑2长、4断后，白5如于12位打，则黑A位长，白8位接，黑在7位打是先手，白棋不能通出。因此白5只有跳，继续下去，黑6打、8长紧凑，白9是逃出白子的唯一要点，以下至黑12为止，双方转换，黑有利。

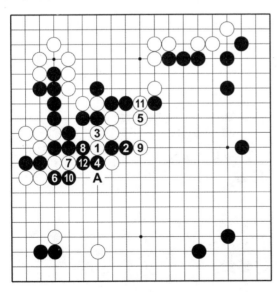

图11-15

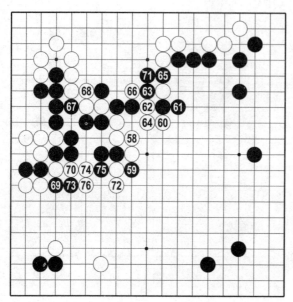

图 11－16　实战谱图

图 11－16　白58如照——

围棋预言3　尽管在中日围棋擂台赛上连连失败,但是秀行军团访问中国的活动仍在继续。有一次,一位老前辈对秀行说:"秀行先生,你这么希望中国强大起来啊?"秀行听后,茫然不知所答。

图 11－17　于1位觑,黑2接就便宜了。以下如果白3接,则黑4打、6枷出头,黑好。

实战白58单接,以后黑如59位断时,白棋便有60位的夹。

实战黑59窥伺着69位断吃的要点,是好棋。白60夹,妙手!黑如于62位接——

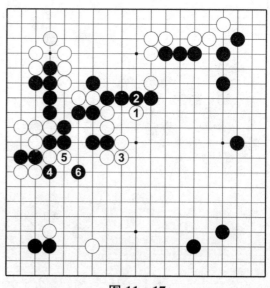

图 11－17

图 **11-18** 黑 3 断，白 4 打时，黑如于 8 位打，白 5 位提，黑 A 位打虽然逃出，但白棋中腹开花，黑当然不肯。因此黑 5 长，黑 7 不能被提，以下便形成白 10 为止的变化。中腹白棋不会被轻易捕获，黑五子反而被吃。

因此，实战黑 61 至 65 只能如此。白 66 单吃黑两子，如认为不能满足——

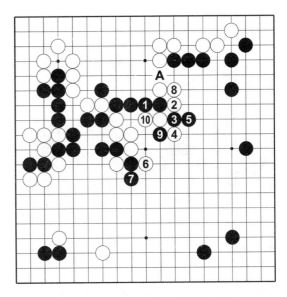

图 11-18

图 **11-19** 白 1、3 决心开大劫，企图一举收复上边大空，黑 4 打，再 6 挤先试白应手，此时白如 8 位接，则黑于 12 位打，白提劫，黑于 7 位断，这一劫材白必应，无奈只有白 7 接。以下 8、10 长之后仍有 14 位断吃的大劫材。

因此，实战谱中白 66 只有断吃黑二子。黑 67 与白 68 交换是没有必要的。当初为何又如此走呢？

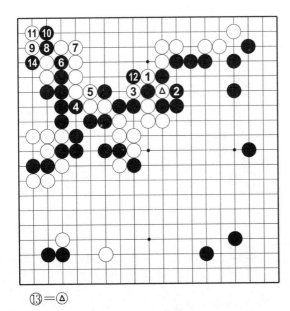

⑬＝△

图 **11-19**

149

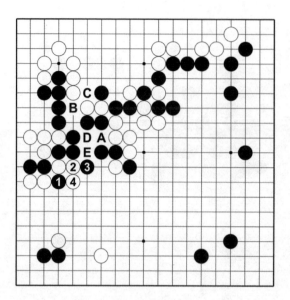

图 11-20

经典珍藏

图 11-20 黑1、3打出头后,将来白于A位冲,破黑棋眼位是先手。如黑B与白C做交换,白于A位冲时,黑可不应。白棋如再于D位长,则黑可E位接。

基于上述原因,黑才于67位打。可是谱中74位并不是黑棋出头的要点。即使出头,也是从73位打,等白74位长后再于75位冲出。如此,黑67与白68的交换就无必要了。白72如照——

图 11-21 白于1位吃,黑2、4打,6跳巧妙。白如不应,则黑再于8飞、10尖,白眼位不全。因此黑6跳后,成为先手破空。

实战黑73如于76位枷——

围棋预言4 这是想把日本输棋说成是秀行的责任。多么的小心眼!日本输棋,秀行也窝囊。但是输了有什么办法?秀行敲警钟的时候,谁也听不进去,输了棋却来找他发牢骚。再说,也并不是因为秀行军团的几次访问活动,中国围棋就强大了起来的呀!

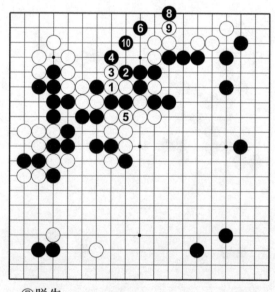

⑦脱先

图 11-21

150

图 **11－22** 白 10 位长后，黑不妙。

第五谱　77—100

图 **11－23** 黑 77、79 冲出，着法好。至此，再看前谱黑 67 与白 68 的交换，不但全然无用，而且是坏棋。

现在再回顾一下第四谱中白 60 夹之后发生的战斗，就可以知道白 60 只是局部脱出险境的妙手，虽然吃到紧要的黑△二子，但白地也被黑棋突破，因此从全局来看，不能肯定地说成功。

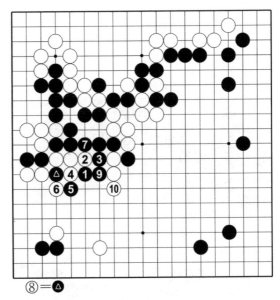

图 11－22

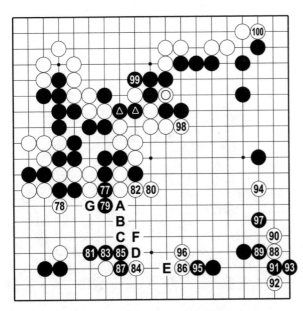

图 11－23　实战谱图

白 80 是要点，此手如于 A 位长便是俗手，则黑于先 B 位扳，再 80 位枷，黑 81 位飞好步调，黑上下通连了。

局面至此，综合各种得失，黑 81 飞灵通。结果是白◎一子被吃的地方，黑棋成了空，由于此处相当大，可以判断是黑方有利。白 82 接补净。此处不补好，白棋无法发力。

白 84 如于 85 位扳，则黑 C 位扳，白 D 位长时,黑在 E 位开拆,同时进攻白棋,白于 F 位的曲着不是先手(因黑有 G 位的打吃之着),这样白棋不好。

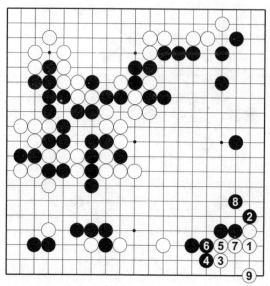

图 11 - 24

黑 95、97 是关联之着。

白 86 如于 87 位接,棋便走重,那时黑从 E 位攻来,白不佳。今 86 拆轻灵。下一步白如能于 87 位接,则下边即完全走好,故黑 87 冲亦大。

白 88 是最辛辣的一手。黑 89 并是定式。白 90 如照——

图 11 - 24 白 1 至 9 的下法,虽可后手活角,但助黑外侧成大空,无趣。

实战黑 91 挡时,白 92 夹试黑应手是紧要的好棋。

围棋预言 5 笔者在 2011 年 11 月出版的《三国演义——围棋擂台赛激战风云》一书前言中写道:"中国围棋水平始终处于中轴,日本由强变弱,韩国由弱变强。纵观近代围棋发展史,笔者认为,富不下围棋,中国正在赶超韩国围棋水平,这是值得期待的一件事,广大棋迷拭目以待。"

图 11 - 25 白如 1 位长,以下应对至白 5 时,黑顺便 6 关,然后转占 8 位曲

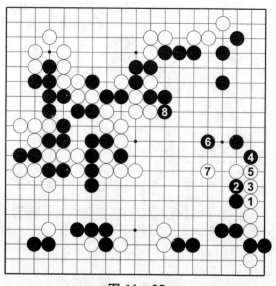

图 11 - 25

的大着,右边成地,黑好。

（黑 2、4、6 教科书式的手法攻击,至今沿用。）

实战白 98 压是全局要点。白 100 长似小实大。

第六谱　1—75（即 101—175）

图 11－26　黑 1 有先手走一着的意味。如果白于 6 位提,就达到了目的。此后黑在何处下子,虽然还没有成熟的意见,但可能于 A 位飞,一边攻击下边白子,一面走成右边大空,亦未可知。

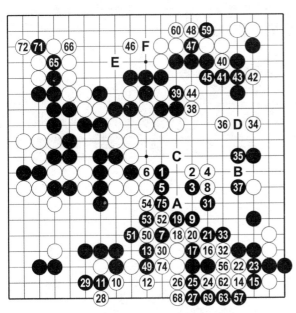

●、●、●、●＝●　　●、●、●＝50

图 11－26　实战谱图

白方因为于 6 位提一子,嫌弱,所以白 2 还击。黑 3 飞靠是要点。下一步白如于 8 位扳,则黑有 4 位断的腾挪手段。当白 2 还击时,尚有较强的照应右边白棋之意味。因此,当黑 3 靠时,白 4 长一着其后便以 34 位为目标,打入黑地。

黑 7 急所,此着是攻守兼备的好棋。此处黑棋逃出后便可于 B、C 等处断白棋。白 8 先将右边联络好,下一步 9 位飞是好点。黑 9 是双方必争之处。黑棋占到此点,

下边的白棋便不安。

黑 13 是夺白眼位的急所,同时黑棋本身确实得到联络。白 16 是难走的一着,此处白棋如得于 26 位先手立,便能做活;如何得到 26 位的先手立,需要费一番苦心。

黑 17 冲至 21,是必然的运行。白 22 如照——

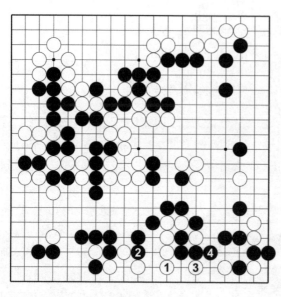

图 11－27

图 11－27 白 1 立，黑 2 挤是夺白眼位的急所，白 3 夹，黑 4 长后白不活。

实战白 24 夹是妙手，此处白棋取得 26 位的先手立，已经产生了头绪。黑 27 如于 49 位挤，白便于 32 位长，黑无理。

白顺利地得到 26 的先手立已成活形，可是白 30 是意外。此手应 49 位虚接——

图 11－28 白 1 接后黑 2 至 6 点白眼时，白 7 仍是先手，黑 8 如接，则白有 9 位长的应法。

实战黑 31 虎，干净。白 32 长不可理解。白 34 打入黑地，此时除了在此处寻求复杂变化外已无他策。黑 35 是最简明的应法。下一步 D 位与 37 位两处必得其一。

白 36 关后，右上边黑空即使被破，但黑 37 一压之后，右下边成了空，亦很合算。白 46 是最后的大场，此手如于 E 位等处围，就草率了，那时黑于 F 位跨下，白空被破。

黑 49 是一巧着，颇为厉害。由于黑有这一步棋，所以白 30 不于此位补是不

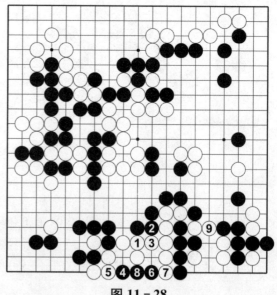

图 11－28

154

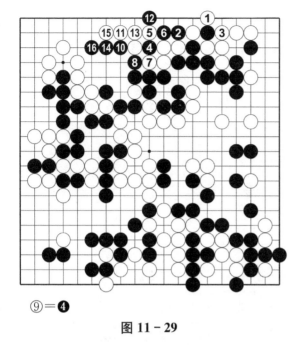

⑨＝❹

图 11－29

在回过头来看，笔者当时的判断对不对呢？

行的。白 50 打，黑 51 反打成劫。此劫黑方是无忧劫。白 60 如照——

图 11－29 白 1 打，则黑 2 至 16，进入白空。

实战黑 65 找劫是有计谋的一手。

白 66 只得接护上边的空。

白 74 再误，被黑 75 提后，下边白棋被杀。

围棋预言 6 此话说出没有两年，中国在 2013 年夺取七项桂冠，在冠军的总人数上也盖过韩国，三国擂台赛也是三连胜……现

吴清源 精湛棋艺赏析

棋的复杂，几十亿、几百亿手的算路都无法穷尽，深远茫详，无论人的思维多么深广，也不可能算无遗策。正因为如此，秀甫才会有所谓"神授一手"的说法，即便没有找到神授的一手，很多时候也会该落子就落子的。

在 2016 年 3 月人机大战中第四局棋，李世石就找到了"神授一手"，AlphaGo 因漏算了这一手，结果因抽搐而乱下。

第 12 局 　日本第二期名人战

黑方　吴清源九段　白方　木谷实九段

（黑贴五目　共 254 手　白胜二目　弈于 1963 年 4 月 24、25 日）

吴清源　解说

第一谱　1—28

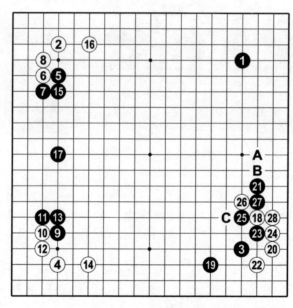

图 12 - 1　实战谱图

图 12 - 1　黑 9 通常先于 15 位接，白 16 位拆。今脱先挂白左下角是抢先的布局。白 10 如采用——

图 12－2　白 1 断的下法,以下应对至白 5,黑可于 6 位长出。(我执白与坂田九段曾走出过这样的局面。)

黑 13 至白 16 止,符合黑方意图。然而白方倚仗贴目采用如此沉着冷静的下法,亦可行。黑 17 围左边,好形,亦成黑地,但白上下也有实地,地域对比是均衡的。

(白 18 直接挂角,木谷九段执白与岛村九段曾下过。)

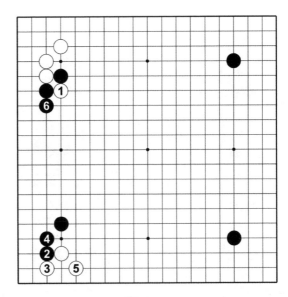

图 12－2

图 12－3　对白◎挂,岛村采取黑 1 夹的下法,木谷白 2 点角,成白 10 为止的变化,然后黑 11 飞,白 12 拆边,亦是一局棋。

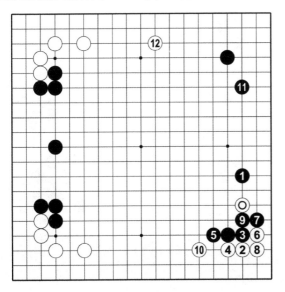

图 12－3

黑 19 于 21 位或 A 位等处夹击虽均可行,但谱中黑 19 飞也不坏。对付白 20,黑如于 22 位尖应,则白于 B 位拆二,如此正是白棋意料中的着法。因为有贴目,运用不急不忙的布局遂白所愿,故黑 21 反击。

白 22 当然。此手如于 C 位关,则黑于 22 位尖,此时白没有开拆的余地,白不好。黑 23 尖顶后白 24 如照——

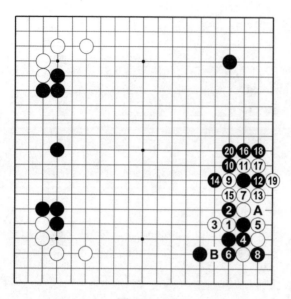

图 12－4

经典珍藏

图 12－4 白 1 的下法，以下黑 2 断打至白 5 长时，黑如于 A 位断，白便于 B 位枷，黑不好。因此黑 6 曲，至白 9 扳为止是一种定型，接下去黑 10 如果扳，以下便形成至黑 20 为止的结果。

再如黑 10 不扳而长——

围棋道场 1 木谷和吴清源一同被视为当时棋界第一人的最有力人选。但是他两次本因坊挑战失败，又错过了升九段的良机。虽然众人都承认他的实力，可他似乎与冠军无缘，没有冠军的命。世人都说他是一个悲情的棋士。

图 12－5 则形成至 15 的定型，黑取得实地，也许不如白棋所愿，因此谱中白 24 挡、26 扳。也许由于征子对白有利，白才采取 24 挡的下法，也未可知。

［这种深入研究的精神，令人钦佩。围棋界有这么一说：吴清源是上帝专门派来下围棋的。——编者注］

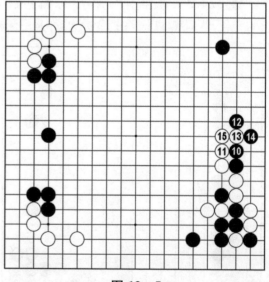

图 12－5

图 12 - 6 黑 29 的普通下法是于 30 位长，假如于该处长后，被白挂于 A 位，是黑所不愿。另外，白于 30 位的打着，也必须予以牵制，黑棋因为考虑要兼顾这两个方面，所以才 29 飞，然而从结果来看，黑 29 并不好，仍应于 30 位长。黑 29 于 30 位长后，白如于 A 位挂，则成——

〔黑 29 的构思影响了当今棋坛主流，现代的

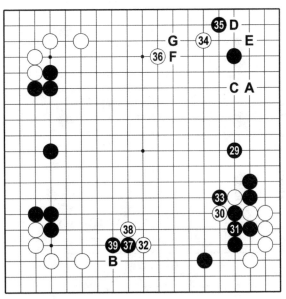

图 12 - 6　实战谱图

比赛出现了这样的棋形。〕

图 12 - 7 白 2 如挂则黑 3 夹，白 4 点角转换，至白 12 时，黑可于 A 位飞扩展右边，也可于下边占谱中 B 位的大场，形势颇好。

实战遭白 30 打，黑 31 接后黑形崩溃，无趣。但是——

围棋道场 2 1964 年，木谷又因脑溢血卧床，悲剧的色彩更加浓厚了。木谷在 1956 年升到九段，又取得了最高位的优胜，后半生

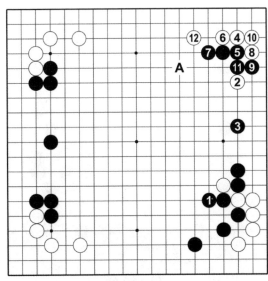

图 12 - 7

在门下众多弟子争奇斗艳、百花盛开的围绕下大放光彩。

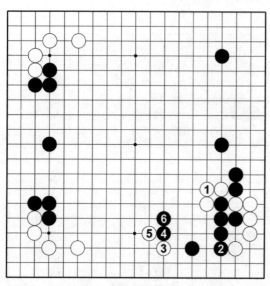

图 12-8

图 12-8 白如立即 1 位接便重了，黑 2 挡充分，白如于 3 位拦，则黑 4 压、6 长，此后白如逃 1 位等三子，必然会使黑棋上方形势变大，白不好。

实战白 32 暂且占据大场。此处黑如仍不应，白便于 33 位接。黑 33 征吃白子不可省。至此，局部黑稍不满，大局上仍可说是两分。

白 34 挂大场。黑 35 如下 C 位，则白 D 位飞，黑 E 位尖，白 F 位飞后，与左方间隔颇好，成为白方理想图。又如黑 35 于 G 位这一方面攻击，由于左面白棋坚实，黑无趣。再黑 35 如照——

图 12-9 黑 1 压，白 2 扳，黑 3 长，拟于上方走成厚形，稍缓。因为白 4、6 后角空被夺。

今实战黑 35 飞意在守角。此处亦可如——

围棋道场 3 小林光一拜在木谷门下期间，这么多的孩子吃住都在一起，自然需要人来照顾。于是，木谷实的女儿木谷礼子承担了这一角色，她不但是这些孩子们的围棋老师（当时她是日本女流本因坊获得者、

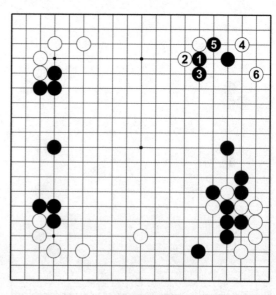

图 12-9

160

专业六段),还在生活中担负起了姐姐的角色。

图 12-10 黑于1位守角,也很有力。黑立后,白2如飞拆,则黑3、5加强右上形势。

实战白36飞当然。黑37靠,准备先行作战。白38上扳是最好的一着。

围棋道场4 据说木谷道场的教育方针是自由放任主义,老师几乎从不亲手教棋,主要靠弟子之间自发的相互竞争学习。在这里,师兄照料师弟这一制度所特有的优越性起到了很大作用。梶原武雄和藤泽

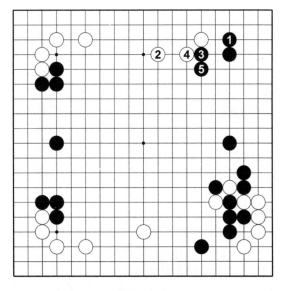

图 12-10

秀行也经常客串道场指导。

图 12-11 白1若从下面扳,则黑2也扳,白3打,黑4长。以后白棋不论于A位打还是于B位接均不好。

谱黑39只此一手。[酷爱实地的木谷实九段,不拘一格走出外势,其全面掌控能力不逊于吴清源。——编者注]

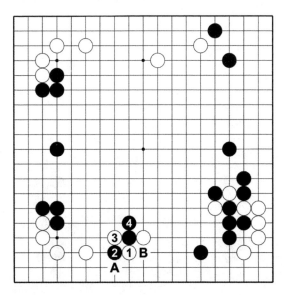

图 12-11

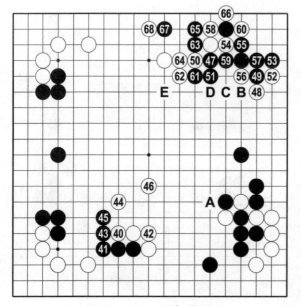

图12-12　实战谱图

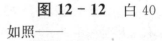

图12-12　白40如照——

围棋道场5　小林光一从这时起的饮食起居几乎全部由礼子来照料。"光一，该起床了。"每天早晨5点半，礼子的身影就出现在小林光一床头。在礼子的督促下，小林光一从小就养成了早睡早起的习惯，并在入门两年后的1967年升为职业初段，对他来说，比他大13岁的礼子实际是老师、半姐或半母的角色。

图12-13　白于1位接，黑2、4步调好。白5如长，则黑6曲后形状整齐。故实战白40压好。

黑41当然，白42接，厚！白42后黑置之不理，则白有如——

围棋道场6　娴雅、秀丽的礼子可能是太热衷于棋艺，一直未考虑个人大事，慢慢成了大龄青年。但最后在学生小林光一的进攻下，她被"俘虏"了。

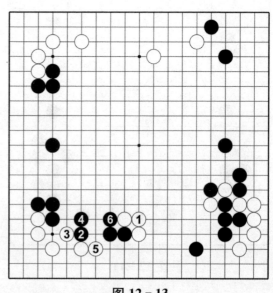

图12-13

图 12－14 白 1 压至 5 颇为严厉。

实战从黑 43 至白 46 为止是必然的演变,至此告一段落。试观全局,左下角白棋所处的位置颇为理想。当中的白棋如追击,则白棋有 A 位打等先手,黑棋无立即攻击的手段。

现在,黑下一手仍须在右上方着手。黑 47 普通于 B 位应,但由于有贴目关系,如于 B 位关则稍弱。白 48 如于 50 位扳,则黑于 51 位长,如此白难以打入右

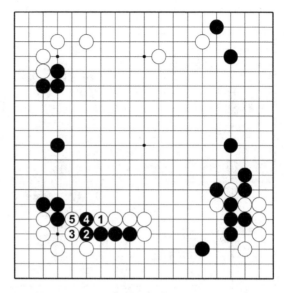

图 12－14

边。今白 48 先于右边挂,试黑应手。

黑 49 尖顶含有使白 48 成为坏棋的意思。黑 51 可于 59 位接,白如于 61 位长则黑于 C 位关。对白52——

图 12－15 黑 1 位扳,则白 2 打、4 虎占去角地,黑不好。之后黑 5 如断打,则白 6 长后至白 20 止,下方黑棋危险。又黑 5 不断而于 6 位打则松缓,因为白可于 A 位做活。

实战白 54 次序错误,

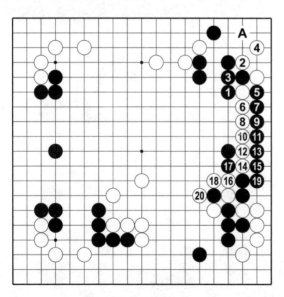

图 12－15

此手应先于 61 位压,黑于 D 位长后再于 54 位冲,黑 55 位挡,白 58 位曲。此

时白于 61 位长是先手, 有没有这一手差别很大。

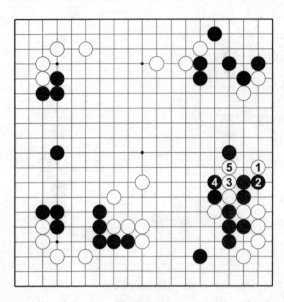

图 12-16

白棋在右边有一个狙击目标——

图 12-16 白 1 隔二跳引征, 是一步要着, 黑 2 如隔断白棋, 则白 3 长出的着法可以成立。

[白 1 透点是这个型的杰出成果。——编者注]

实战黑 59 接收紧白气。白 60 打, 一面获利, 同时也安定了。

白 62 如 64 位接, 则黑于 E 位飞, 扩展右边大模样。此处虽上边不干净, 但白 62 虎, 顽强作战, 着法紧

凑。白 68 如照——

图 12-17 白 1 曲, 黑 2 虎是要点, 今后有 3 位抛劫吃白的手段。黑 2 如于 A 位接, 则白于 4 位扳, 黑被擒。白 3 如果防止打劫, 黑 4 长后白 5 非谋活不可, 因此黑 6 悠然逃出, 中央白五子反而成为浮棋。

故谱中白 68 靠乃不得已之着。

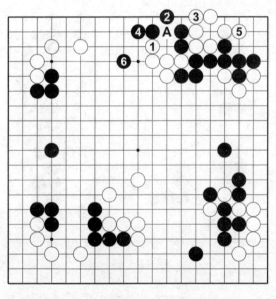

图 12-17

164

第四谱 68—100

图 12 - 18 白 68 靠后——

围棋道场 7 1974 年 3 月,22 岁的小林和 35 岁的礼子喜结连理, 此举开了棋坛姐弟恋的 先河。在结婚之前,无论 是礼子的母亲木谷夫人 还是小林光一的父母都 竭力反对这桩婚事,认为 他们之间的年龄悬殊太 大了。

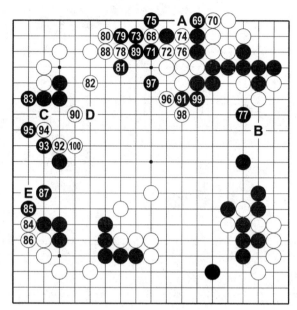

图 12 - 18 实战谱图

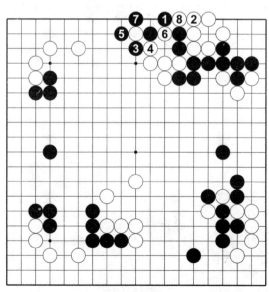

图 12 - 19

图 12 - 19 黑再于 1 位虎,白 2 防抛劫。黑 3 如 扳,则以下至白 8,黑两子 被吃。

实战黑 69 先手立次序 好。如果不先立——

围棋道场 8 小林光 一发挥了他在棋盘上的执 着劲,说服双方父母,最终 和礼子结婚。婚礼上,礼子 的母亲仍是一副哭丧相,人 言可畏啊,倒是木谷九段对 此不置可否。

165

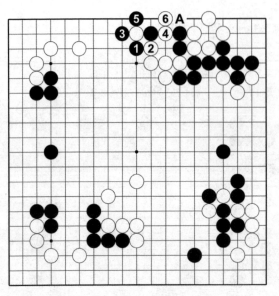

图 12－20

图 12－20 黑 1 不于 A 位立而扳，以下 3 打、5 提，白 6 立也吃到黑两子。如此黑 5 提白子之处不能成为完整的眼位。

谱中黑 69 先手立，以下至 75 提，即使白 76 立于 A 位，黑仍有一个完整的眼位，差别即在于此。黑 77 如下在 80 位将上边黑棋完全走好也是很大的一手。可是此时白于 B 位拆一后，由于上面黑棋尚无眼位，白棋在右边的行动便有力，故黑 77 不得不补。

白 78 与黑 77 是双方各得其一的地方。白 78 位攻击黑棋，是非常猛烈的。黑 79、81 是腾挪的要点。白 82 关，目标仍在攻上边的黑棋。如白再走 A 位，黑尚未活。

黑 83 错误，如果要立，应立于 84 位，左上边虽有于 95 位打入的要点，但黑可于 C 位顽强抵抗。黑于 84 位立后，左下角还有如——

图 12－21 黑 1 隔二跳是攻击要点。白 2 如果隔断黑联络，黑有 3、5 的手段，以下白 6 如不打劫而实接，至黑 11 为止黑活。然而此时谱黑 83 单于 D 位飞才是最好的一步棋。

实战被白 84、86 先手扳接，颇为痛心。黑 87 不能省，此处如不应，白于 E

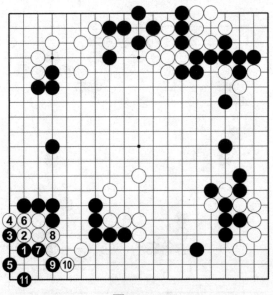

图 12－21

位夹是大棋。

白90好手。下一手白有92位靠的要着,试黑应手,而且也伺机搜夺上边黑眼位,进行攻击。白走90位后,白有望。

总之,黑如果不消除上边黑棋的不安,棋就难下。黑91扳,一面扩展右边形势,同时也是使上方黑棋脱困的步骤。白92是预定的行动。对黑93,白94扳是要着。黑95如照——

图12-22 黑若于1位打,则白2长,黑3再打,以下至白8为止,黑一子被俘。

今95扳是脱出险境的

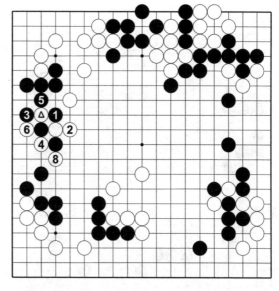

❼=△

图 12-22

要着。对付白96扳,黑97觑断补强上边黑棋,这是继承当初黑91扳的原意。白98迎头一击,黑棋颇为痛苦。白100冷静。

第五谱 1—39
(即101—139)

图12-23 白如不于1位接,则黑1势必要断。黑一子被2、4征吃后,黑如于A位渡,虽是痛苦的,但尚有对白2、4反击的计划。

黑5是极其厉害的

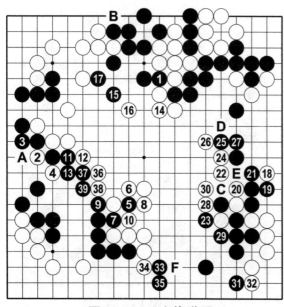

图 12-23 实战谱图

着点,构思奇特。

白6如于——

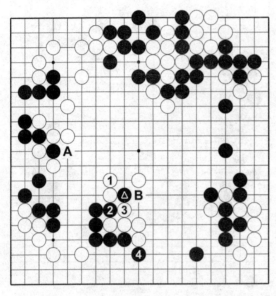

图 12－24

图 12－24 白于 1 位长,虽有防黑 ⚫ 位一子起引征的作用(因白 1 如于 2 位接,则黑便可于 A 位逃出征子),但是黑还有 2 冲、4 扳的下法,或者黑 2 不冲,直接于 B 位长等下法。

白 10 如照——

围棋道场 9 让小林光一的岳母木谷夫人大跌眼镜的是,婚后,多年来礼子对小林培养出来的"厚味"发挥出了作用,小林光一在结婚后的第三年(1976年)即获得了第一个头衔——天元战冠军。

图 12－25 白于 1 位提,黑 2 必提,以下至白 7 点杀,黑 8、10 冲,12 断,白 13 只此一手。此处黑打算于 14 位长弃掉左边,待白 15 接后黑 16 镇进行大规模作战,一面攻击中央白棋,一面经营中腹。左边黑虽被杀,但白要收气吃,不过是吃到干子而已,意义并不大。

中央白棋虽然走厚,然而谱黑 11、13 能够逃出,这一局部作战可以说黑成功。

黑 15 略嫌坚实。

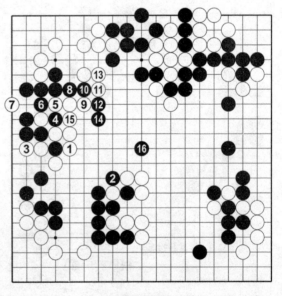

图 12－25

图 12 - 26 此手应走黑 1 飞,此后被白 2 冲、4 提,此处黑眼位尚不全,但黑 5 尖时,白如走 6、8 破眼,则黑 9 飞,看起来总能设法脱出险境。白如坚持吃黑,则黑可能破尽白空而活,那就太严重了,白不可草率。

实战白 16 恰到好处,黑 17 只有苦活。花费数手才成活,不如当初于 B 位一着补净。白 18 是早已算到的狙击点,妙手!

黑 19 如照——

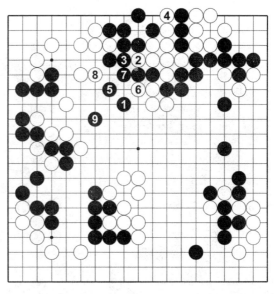

图 12 - 26

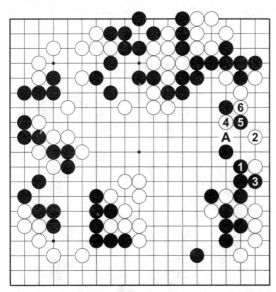

图 12 - 27

图 12 - 27 黑 1 长防引征,白 2 后 4 位是要点,黑 5 如下扳,则白 6 断后便吃不到白棋。白 4 如于 A 位靠,则黑可占 4 位。右边是黑的基本空,如被破空即实地不足。

因此谱中黑 19 挡。白 22 尖好,胜于在 C 位打,含有不给黑方步调的意味。

黑 27 如于 D 位长,因白有 E 位接的先手,恐白于 28 位打,黑 29 提后,接着白便于 F 位用强。

白 30 退后,腹中成了相当的空。变化至此,白棋形势似乎较有希望,然而相差也极为细微。黑 33、35 如省去不下,则被白于 F 位飞后,此处黑棋就相当危险。白 36 先手,

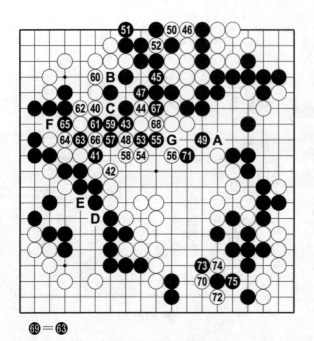

⑥⑨＝⑥③

图 12－28　实战谱图

腹空愈加整齐。

第六谱　40—75
（即 140—175）

图 12－28　白 40 是迫使黑棋做活的一着。然而,此处黑棋如后手做活,被白收好腹空,棋就输了。

当中的白空比右边的黑空还要大,想什么办法呢? 因此,黑 41 断吃,黑 43 冲出求变。

黑 49 如于 50 位做活,被白长到 A 位腹空可成三十目。这样黑棋就明显输了。因此,黑

49 处无论如何不能让白棋占去,至于上边,黑棋决心顽强地打劫做活。

白 54 打有疑问,此手应照——

图 12－29　白于 1 位长才是强手,这样黑棋便受困。黑 2 平好像能吃白五子,但白 3、5 可走俗手逃出,至白 11 为止是不易被吃掉的(下一手黑于 A 位尖,白于 B 位跳脱险)。

实战白 54 打、56 枷,只是使中央安全了,但黑 57 打、59 接后,这里出了棋。

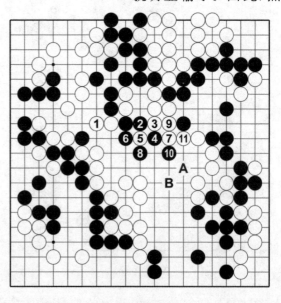

图 12－29

170

此后，黑于 B 位接，白 60 位接，黑 C 位接可以成活；再者，黑于 63 位打，白 64 位粘，黑 61 位做劫也可活。白 60 应照——

图 12-30 于 1 位挤方是好棋，此手一面破掉黑眼，同时使黑棋不能在此做劫（黑 A、白 B、黑 C 做劫时，白便于 D 位总吃），如此黑 2 只有提劫，白 3 挡，黑 4 粘劫做活时，白 5、7 双，胜利在望。

今谱中平凡地一接，虽使黑棋不能做眼，但仍免不了黑 61 以下做劫的手段。

黑 61 后，此处总有一劫，则白 62 应先于 D 位打，与黑 E 位交换后再接，以发挥此处白子的作用。将来

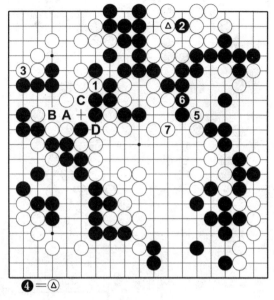

④ = △

图 12-30

黑提去白 64 等四子后便失去了 D 位的先手打。如果 D 位有一个白子，以后在下方收官时有些不同。

黑 71 是照应下方黑子的一步棋，代替了于 F 位的提。此时白于 G 位接，黑便于 F 位提，下方黑棋是否能脱险便成为胜负的关键。白 72 究竟怎么样？此手如于 74 位上扳，则形成——

图 12-31 至白 7 为止的结果。此处有许多下法，无奈木谷九段时限已至。

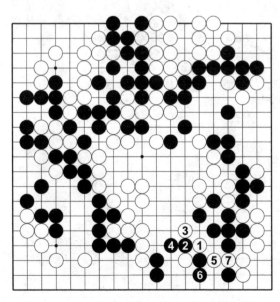

图 12-31

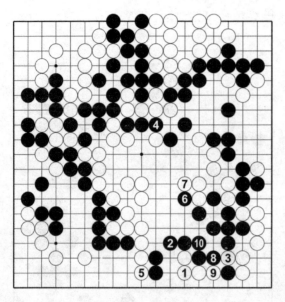

图 12－32

实战黑 73 要着。

白 74 如照——

图 12－32 于 1 位接，则黑 2 长，白 3 如果冲渡，黑可不应而转于中腹吃白棋。待白 5 挡时，黑 6 扳以下至 10 为止，仍可脱险。

围棋道场 10 此后，小林光一一举成为日本超一流棋手，并在之后十多年的时间里，达成五冠王，成为日本围棋第一人。在这段时间内，礼子夫人在小林身后默默无闻，担当了一个贤妻良母的角色，使他得以称霸棋坛。他们有一个女儿叫小林泉美，也是一个日本女棋手，泉美的丈夫是林海峰的高足张栩。

第七谱　76—106
（即 176—206）

图 12－33 黑 77、79 断吃一子简单地处理好，之后白 82 位挡，黑 83 位提，代替了上边 A 位的提劫、打劫，吃到了四子而脱险，是相当便宜的。形势瞬间逆转，黑空稍多。

白 80 冲时，黑 81 挡稍损。

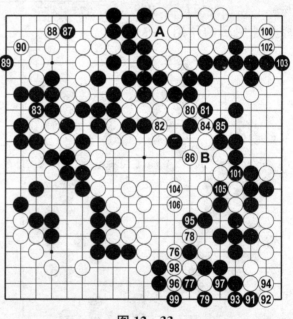

图 12－33

图 12 - 34 当白 1 冲时黑 2 退,白 3 长出时黑 4 脱先提白四子,以后图中则成至白 9 为止的结果,黑较谱中有利。

实战白 86 不如 B 位接干净。黑 87 狙击极为厉害。此时白 88 如照——

围棋本来就是解释《易经》的。因为尧舜那个时期还没有文字,所以,一切就是拿符号来记录的。

　　　　　——吴清源

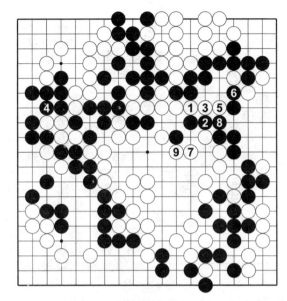

图 12 - 34

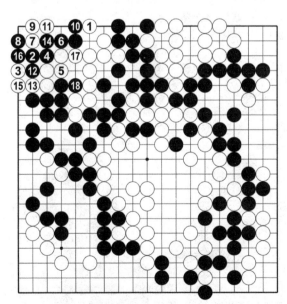

图 12 - 35

图 12 - 35 白若于 1 位尖顽强抵抗,则黑 2、4 转于这一面腾挪。至黑 6 挡后,白 7 如来点眼,则黑 8、10 做成大眼;白 11 如于 14 位断,则黑 11 位扑可以劫活。因此,白 11 只有曲,然而以下至黑 18 为止,黑方快一气吃白。

故谱中白 88 必然。

黑 89 以下依次收官至 95 长为止,胜负细微。黑 101 败着。

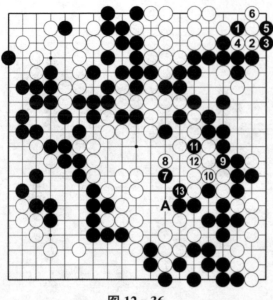

图 12-36

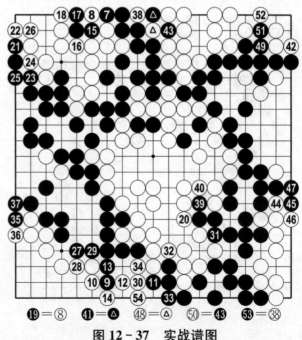

图 12-36 此手应于 1 位挖,至白 6 为止,黑得先手且便宜一目(白角中仅成三目,而谱中成四目),然后继续照图中下法,从黑 7 至 13 为止,是黑空稍多的局面。其中黑 7 飞是关键,因有 A 位的先手,白不能在 13 位冲断。

今 101 疏忽,被白 102 夹,黑 103 立,实损一目,再被白 104 关、106 双,收好腹空,黑输定。

第八谱 7—54
(即 207—254)

图 12-37 进入本谱,已与胜负无关。

[木谷实是吴清源一生的好对手,两人曾于 1935 年创造了新布局、于 1939 年第一次下十番棋。吴清源经常去木谷道场指导后生。——编者注]

⑲＝⑧　㊶＝△　㊽＝△　㊾＝㊸　㊳＝㊳

图 12-37 实战谱图

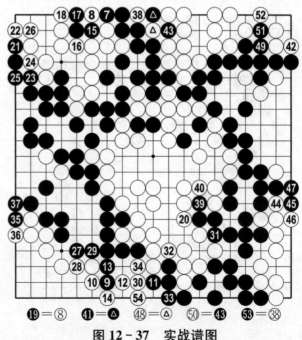

附　录

一　围棋新手

　　附图 1-1　黑 1 尖,白 2 是现代新手,黑 3 扳,白 4 与白 2 相关联,黑 5 非冲下不可,以下至 18,白成功。

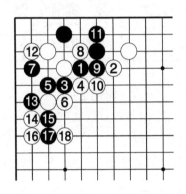

附图 1-1

　　附图 1-2　附图 1-1 中黑 17 只有在黑 1 断寻求转换,至 5 止,大致两分。

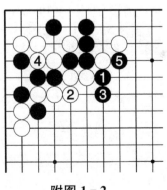

附图 1-2

附图 2-1　黑6是超强手,白9、11托断,正面迎战,双方气合战斗至20,白21扳防征子。以下至白39止,黑棋成功。

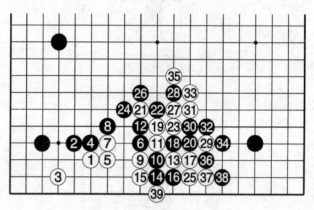

附图 2-1

附图 2-2　白5扳断。以下至黑16长后,白17压是要点,黑18、20手法细腻,黑24补一手,白25争得先手点角,是职业高手一例。

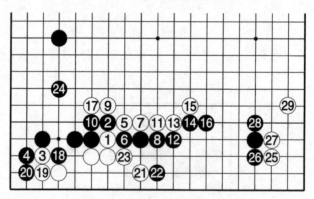

附图 2-2

　　附图3-1　黑1尖,白2下立是新手,黑5挡稳实,黑9大飞后,白10夹击,黑11尖阻渡。至16为新手一型。

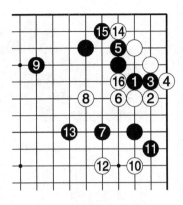

附图3-1

　　附图3-2　黑3若虎,则白4飞是必然一手,黑5挡,白6再扳出,白10冲,至白14断黑崩溃。黑5只能在6位长。

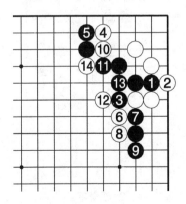

附图3-2

附图 4-1 黑 9、11 是过去就有的着法。白 16 枷后，黑 17 跳出是新手。以下至 32 是韩国棋手开发的新型。白 32 也有在 A 位长的。

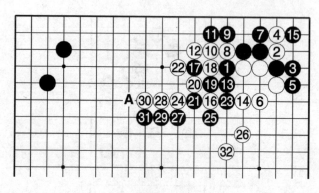

附图 4-1

附图 4-2 喜欢实地、不喜欢战斗的棋手，也可选择黑 1、3 的手法。以下至黑 7 夹，两分。

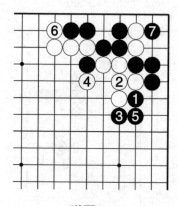

附图 4-2

二　围棋童话几则

1　烂柯锈箭

晋朝有一位叫王质的人,有一天他到石室山去打柴,看到一童一叟在溪边大石上下围棋,于是他把砍柴用的斧子放在溪边地上,驻足观看。看了多时,童子说:"你该回家了。"

王质起身去拿斧头时,一看斧柄已经腐朽了,磨得锋利的斧头也锈得凸凹不平了,王质非常奇怪。王质回到家后,发现家乡已经大变样了,已没有人认得他,他提到此事,有几位老者说那是几百年前的事了。原来,王质到石室山打柴误入仙境,遇到了神仙,"仙界一日,人间百年"。

王质弃斧带箭,在石室山以猎为生。他在石室山发现一只野狐,王质追之,狐狸逃进一个有奇花异果的园中。此处仙气飘忽,有许多亭榭。狐狸又钻进一颗悬空橘中,此橘直径两丈有余。王质将数箭放到古藤上,跟了进去。

橘内忽暗忽明,房间像瓣。落叶溅吟声,会棋云外人。王质进入一瓣之内,隐隐看见佛陀和观音正在弈棋。两佛眼睛微闭,以手观心,嘴唇微动,以咒语论战弈棋。

咒语念完,两佛隐身,只留下一个善财童子。这善财童子别号"阿尔法狗",经世善弈,与一个叫世石的人(也是顽石变的)破天对局。王质出来,发现数箭已长于古藤中,欲拔不能,箭头已锈。旁边立一块石碑,斑斑点点,青苔浸边,中间几行碑文清晰可见:有好事者立碑为证,记前朝弈事,不能仿古,今身正行。落款为唐贞观元年,字体为王羲之行书。

2　弈之韵

荷花千姿百态,洁白无暇,像水晶一样纯洁。在未开的荷花中,有的只是一个青里泛白的花苞,娇羞欲语、含苞欲放;有的只开了一半,一些花瓣散下去,另一些花瓣簇拥在花蕊旁,犹如一位衣衫未整的美人。那些全开的荷花,像一个个穿着洁白素净衣服的妙龄少女在翩翩起舞。还有些荷花花瓣都掉光了,露出碧绿碧绿的莲蓬,它柔嫩的莲子仿若一粒粒棋子。

荷花散发出清新淡雅的芬芳,引来花蝶飞舞,嬉戏其间,令人赏心悦目。

调皮的蜻蜓,扇动着翅膀,从这朵花飞到那朵花,寻找下棋的对手。蝴蝶与蜻蜓在荷花上相遇了,它们以莲子做棋子,将一粒粒莲子下在莲蓬小孔里。金色的阳光洒在荷花上,灿烂多彩,生命在这里演绎棋道内涵。

仿佛一夜间,荷叶中冒出许多仙女般的荷花,有的荷花花瓣全都展开了,露出金黄色的花蕊和嫩黄色的莲蓬,周围还有一圈圈的嫩黄色花穗,还有几个睡莲,歪着脑袋紧贴水面,像一个羞答答的大姑娘。满池的荷花,满池的碧水,满池的碧叶映衬水面。一只红色金鱼摆着尾巴游过来,嘴里吐出一个晶莹剔透的圆水珠,在临水的荷叶上滚动。金鱼鼓着大眼睛看着青蛙。

青蛙也鼓着大眼睛,它们都是阿尔法狗围棋教室的同学。青蛙捉了几只蚊子,和着稀泥,在嘴里捣弄几下,一颗圆形黑色棋子滚到荷叶另一角,双方"金角银边草肚皮",有无相生,难易相成,长短相形,高下相盈,音声相和,前后相随,金鱼与青蛙下了一盘模仿棋。月光的清辉下点缀着笑容点点,微风吹来阵阵幽香。迎着美丽的月色,忙了一天的小动物纷纷走出家门,在荷池里一同享受这惬意的弈之韵。

荷花载着高贵的品质,载着诗意的生活,带着高尚的情操,奏出了这曲超越世俗眼光的弈之乐。

3 大灰狼骗招

兔妈妈有三个孩子,一个叫红眼睛,一个叫长耳朵,一个叫短尾巴。一天,兔妈妈对三个孩子说:"妈妈到地里去拔萝卜,你们好好看家,把门关好,谁来叫门都别开,等妈妈回来了再开。"说完,兔妈妈拎着篮子,到地里去了。小兔子们记住妈妈的活,把门关得牢牢的。

过了一会儿,一只大灰狼来了,它想闯进小兔子的家,可是小兔子把门关得紧紧的,进不去啊!

大灰狼坐在小兔子家门口,眯着眼睛,在想坏主意。突然,它看见兔妈妈回来了,它连忙跑到一棵大树后面躲起来。兔妈妈走到家门口,推了推门,门关得紧紧的,就一边敲门,一边唱:"小兔子乖乖,把门儿开开,快点儿开开,妈妈要进来。"小兔子们一听是妈妈的声音,一齐叫起来:"妈妈回来啦!妈妈回来啦!"它们给妈妈开门,抢着帮妈妈拎篮子。哇!妈妈拔了这么多红萝卜。兔妈妈亲亲红眼睛,亲亲长耳朵,又亲亲短尾巴,夸它们是好孩子。大灰狼躲在大树后面,偷偷把兔妈妈唱的歌记住了。它暗自得意,心想:这回我有办法了。

第二天,兔妈妈又要到树林里去采蘑菇,她嘱咐小兔子们把门关好,等妈妈回来。兔妈妈走后没一会儿,大灰狼就来了。它一边敲门,一边捏着鼻子唱:"小兔子乖乖,把门儿开开,快点儿开开,妈妈要进来。"红眼睛一听,以为妈妈回来了,高兴地叫着:"妈妈回来啦!妈妈回来啦!"短尾巴也以为妈妈回来了,一边跑,一边说:"快给妈妈开门,快给妈妈开门。"

长耳朵却拉着红眼睛和短尾巴说:"不对,不对,这不是妈妈的声音。"红眼睛和短尾巴往门缝里一看:"不对,不对,不是妈妈,是大灰狼。"小兔子们一齐说:"不开,不开,我不开,妈妈不回来,门儿不能开。"大灰狼着急地说:"我是你们的妈妈,我是你们的妈妈!"

"我们不信,我们不信,要不,你把尾巴伸进来,让我们瞧一瞧。"大灰狼肚子饿坏了,也没想那么多就说:"好吧……我把尾巴伸进去,让你们瞧一瞧。"小兔子把门打开一点儿,大灰狼就把自己的尾巴伸了进来。嘿,一条毛茸茸的大尾巴。一、二、三、嗯——三只小兔子一齐用力,把门关得紧紧的,大灰狼的尾巴给夹住了。大灰狼疼得哇哇叫:"哎哟,哎哟,疼死我了,放了我,放了我。"这时候,兔妈妈回来了,她放下篮子,操起一根木棍,朝大灰狼的脑袋狠狠地打去。大灰狼受不了浑身疼痛,使劲一挣,结果拽断了半截尾巴,尾巴上的一层毛也拉下来。大灰狼拖着半截无毛的尾巴逃到山里去了。兔妈妈这才松了一口气,扔下木棍,拎起篮子,一边敲门,一边唱歌:"小兔子乖乖,把门儿开开,快点儿开开,妈妈要进来。"小兔子们听见妈妈的声音,抢着给妈妈开门,抢着帮妈妈拎篮子。嗬,嗬,妈妈采了这么多蘑菇,能吃好几天,妈妈真能干。

过了一段时间,大灰狼贼心不死,它又来到小兔子家门口说:"小兔子,我们比赛围棋,谁要是输了,就听赢者的调遣。"大灰狼心想,我要胜了,就一口吞下这三个兔崽子。长耳朵兔子说:"比就比,有什么了不起。"在阿尔法狗老师道场下训练棋时,长耳兔子连杀大灰狼三局都不还手。它们以门板为棋盘,在门内门外开始手谈。大灰狼先行,口中念道:"起东五南九置子。"长耳朵兔子说:"东五南十二置子。"大灰狼又道:"起西八南十置子。"长耳朵兔子说:"西九南十置子。"

每置一子,双方皆思考良久。布局在角上纠缠时,大灰狼用它在江湖学的一个欺着骗招有力地打在棋盘上,等待小兔子上圈套。长耳朵兔子确实没有见过这种怪异的招法，但它想到阿尔法狗老师说过"应不好就不应"这句话，于是脱先迅速抢占边上的大场。大灰狼知道阴谋落空，愤愤地说："小兔子是书房棋，惧怕战斗。"

"我们走着瞧。"三只小兔乖乖都是阿尔法狗老师围棋教室的学员，它们互相商量。大灰狼为了战胜小兔子，在家里也是练兵多时。玉壶银台，车厢井栏，战至中盘，非劫非持，两悬相生，直至收官，方四聚五，花六持七。双方你来我往，最后"三个臭皮匠赛过诸葛亮。"小兔们坚持战斗着。大灰狼看到毫无胜望，只好夹着尾巴灰溜溜地走了。

这只大灰狼年老了，已经不能凭借力量去抢夺食物了，它心想只能用智取的办法才能获得更多的食物。于是，它钻进一个山洞里，躺在地上假装生病，等其他小动物路过不提防时，就把它们抓住吃了。就这样，不少的动物上当受骗。一天，三只小兔子路过山寨洞口时，大灰狼看见它们，在洞里说："小兔子，我们在洞里下盘棋吧。"小兔子们知道大灰狼诡计多端，就站在洞口搭讪道："大灰狼，你怎么不去上围棋课了？"大灰狼软绵绵地说："身体很不好，不想吃，也不想动。"

小兔子们说："你怎么不找兽医看看呢？"大灰狼反问道："你们为什么不进洞来唠叨几句？"

长耳朵兔子说："因为我们发现只有进去的脚印，没有一个出来的脚印，这叫有去无回。"

大灰狼还想欺瞒，说："脚印不都是一样的嘛！"短尾巴兔子说："进去是五指朝洞内，出来是五指朝洞外，大灰狼先生，我们才不想成为你的美食呢。"大灰狼见所有的骗招都让小兔子们识破了，十分懊丧。它心里想，小兔子们怎么一下变得这么聪明了，莫不是因为围棋的教化？

4 百兽之王

狮子女王生了一头小雄狮，十分开心，特地举办了一次庆典。母兽们都去祝贺，它们还带去了礼物和美味。唯独狐狸太太迟迟未到，直到很晚它才背着一只母鸡来了。狮子女王生气地说："你这狡猾的家伙，你知道怎样孝敬百兽之王吗？"

狼太太听到女王对狐狸太太的不满，心里乐开了花，因为它和狐狸太太早就不和了。于是，它趁机挑拨说："啊，高贵的女王，为了维护您的统治，您最好杀一儆百。"

听完狼太太的话,狐狸太太高声叫屈道:"尊敬的女王阁下,不是别人,正是这只母狼,才使我迟到的呀!"

"究竟怎么回事,狐狸,你说出来让大家断断公理。"狮子女王摆出公正的态度,她要以德服人。

狐狸太太一把眼泪一把鼻涕地说:"我本已抓获一只母鸡,比这只母鸡可肥多了。"狐狸太太一边用手绢擦着眼泪,一边接着说:"突然,这只母狼冲上来,把那只母鸡从我嘴里抢走了。尽管我拼命地喊,说这是献给大王的,母狼还是把它吃掉了。我捕获的这只母鸡比第一只瘦多了。"

狮子女王听后火冒三丈,她一把抓住狼太太,回头又问狐狸太太:"她什么时候抢的母鸡?"

"今天早上,女王,你快杀死她,母鸡还在她胃里没消化呢。"狐狸太太想借刀杀人。

"斩!"狮子女王怒不可遏。一些动物为狼太太求情说:"大王,刀下留情啊!"

最后,狮子女王下令把狼太太关三天禁闭,狐狸太太总算报了一箭之仇。狐狸太太棋艺高超,为取悦狮子女王,她下棋总是输一子或两子给狮子女王。狮子女王总是赢棋,有点孤独,就想求败,尝尝输棋的滋味。于是,她提议让狐狸太太两子,双方下盘指导棋。这盘棋下至最后,结果还是狐狸太太输一子,狮子女王知道狐狸太太在承让自己,就对狐狸太太说:"再下一盘,如果你再输,我也把你关禁闭,让狼太太欺负你。"

这下狐狸太太该没有退路了吧? 可是,这盘棋下到中盘时,出现一个罕见的"长生劫",结果双方打来打去,黑白棋子都不死不活,搞得狮子女王哭笑不得。最后,狮子女王拉下脸说:"这局棋你如果赢了,赏你官升一级,棋升一段,你如果输了,我就把你丢去喂狼太太,她正恨你恨得咬牙切齿呢。"

于是,狐狸太太和狮子女王你来我往,棋盘上布满了黑白棋子。有个小动物眼尖,指着棋盘对狮子女王说:"尊敬的陛下,您看这像一个字。"狮子顺着小动物指的方向看去,发现枰面隐隐约约是个"王"字,狮子女王心里高兴,脸上却非常严肃,等这盘棋下完,数来数去还是和棋。狮子女王说:"我让你两子还是和棋,应该算你输。"授两子棋终局黑方须还白棋一子,和棋就是双方各占 180 子半,白方胜一子,也就是说,这盘棋算是狐狸太太输了。

于是狮子女王下令，将狐狸太太丢去喂狼太太。

狐狸太太急了，大呼："大王，且慢！我手中还有一个棋子。"说着将手摊开一看，果然还有一子。"念你有功，饶了你这次。"狮子女王感到这次庆典办得极为成功，她还特赦了狼太太，让她与狐狸太太一齐共好。

5 农夫与蛇

在一个寒冷的冬天里，一个农夫发现一条蛇冻僵了，觉得它很可怜，就把它抱起来，小心翼翼地揣进怀里，用暖热的身体温暖着它。那条蛇受到了暖气，渐渐复苏，又恢复了生机。等到蛇彻底苏醒过来后，便恢复了本性，用尖利的毒牙狠狠地咬了恩人农夫一口，使他受到了致命的创伤。

农夫临死的时候痛悔地说："我可怜恶人，不辨好坏，结果害了自己，遭到这样的报应。如有来世，我绝不怜惜像毒蛇一样的恶人。"

地震狗怀抱着一条冻僵的蛇，蛇慢慢苏醒了，说："这个人怎么没有农夫暖和呢？世人啦，你们是在冤枉我啊，我怎么会有那么毒的心，去咬温暖我的农夫？"地震狗说："蛇，你终于醒了，我理解你。"

蛇扭动僵硬的身子对地震狗说："你让我先做两眼活棋，不行的话，一个真眼、一个假眼也行，让我慢慢诉说自己的身世。"地震狗把自己最暖和的地方供给蛇，蛇有气无力地说《圣经故事》：创世之初，所有的动物都温驯善良，唯有蛇非常有智慧。蛇要人类传承下来，有一天它对女人夏娃说："上帝当真说过，不让你们吃所有的树上的果子吗？"夏娃见蛇长得美丽，有一对漂亮的翅膀，能在空中飞翔，说话的声音也悦耳，就爽快地回答说："上帝说了，所有的果子都随便我们吃，只有那善恶树上的果子，我们既不能摸，也不能吃，吃了就必死！"

"世上只有亚当和夏娃你们两个人，那样多寂寞呀，你不想有后代让生命延续吗？"蛇拍了拍翅膀，欲远走高飞。"那上帝为什么不让我们吃那果子呢？"夏娃急问道。"因为你们一旦吃了善恶果，就会立刻心明眼亮，知善恶，辨真假，聪明的跟上帝一样。不信，你吃一个试试。"蛇告诉她。

"啊，原来那是智慧果呀！"夏娃望着善恶树上的果子，果子掩映在青枝绿叶间很是美丽。最终，夏娃经不住诱惑，听信了蛇的话，偷吃了善恶果。

上帝发现亚当与夏娃偷吃禁果后，把他们逐出伊甸园。同时，上帝还惩罚了蛇，上帝对蛇怒道："你这引诱女人堕落的坏蛋，要永远受到诅咒！从此你必须用肚子走路,终身吃土。"

地震狗听完蛇的悲惨身世后,就把蛇背进自己的训练室,用热水袋温暖蛇,蛇才慢慢恢复一点生气。地震狗又喂食物给蛇吃,蛇很感谢地震狗的救命之恩。蛇对地震狗说:"我知道你来世的作为,是要战胜阿尔法狗及人类顶尖围棋高手。"地震狗说:"我的研究团队对我倾注了极大的热情,我也进步神速,我的水平与中韩顶尖高手之间只隔一张薄纸,这个时候有你加盟当然更好。"

蛇说:"上帝看到人类繁荣,越来越聪明,就反思他对我的惩罚是不是严厉了一些。她传了我一个长生之法,我把此法用在围棋上,就产生了长生劫。如果你对上手总不能赢,你就做长生劫,让棋局陷入无限循环中无胜负。"地震狗说:"蛇先生,做长生劫,不是想做就能随便做的。"

"围棋是上帝给人类出的最后一道试题,看似简单的两条经纬相交,黑白棋子在交叉点的变化,却像魔道趋于无穷大,这是智慧树上最高的一个层次,很多人在生命的尽头都没有看到一丝曙光。上帝之法确实玄妙,加上我的智慧,能无敌天下。"蛇在棋盘上做了一个图案,这个图案是人类从来没有见过的"任意长生劫"——像百慕大三角洲,似乎有超出自然的力量。

地震狗说:"人的智慧只能在定式中研究出长生劫。"地震狗还把图中的棋型一一演示给蛇看。蛇看后,对地震狗说:"我们'任意长生劫'不受时间和空间的限制。"它教给地震狗以意念之法,人类围棋界从此多了一个"巨人"。

6　狐狸与葡萄

有一天,狐狸在一片草原上发现了一棵葡萄树。葡萄树上结满了一串串晶莹透亮、香气扑鼻的葡萄。狐狸心想:这葡萄一定又甜又好吃。它看着葡萄,舔着嘴巴,直流口水。

狐狸想吃葡萄,它于是伸手去摘。可是,树太高了,狐狸够不着。狐狸用力向上跳了跳,还是没够着,只抓下了几片叶子。狐狸又试了几下,还是没够着。旁边的小兔啦、小鹿啦……都笑狐狸是傻瓜。狐狸累得汗流浃背,喘着粗气。狐狸身边的小猫一下就爬上了树,它一边玩一边吃葡萄。狐狸心生一计,对小猫说:"我们下盘围棋吧。"小猫说:"怎样下呢?"狐狸眉飞色舞地说:"你把葡萄当棋子,我拿莲子和你对弈。"

小猫和狐狸是阿尔法狗老师围棋班上的同期学员,关系很好,水平不相上下,于是它们兴高采烈地战斗起来。不知怎的,小猫这次连下恶手,狐狸吃了小猫几粒围棋子(也就是葡萄)。后来,狐狸越吃越多,肚子都吃饱了,直到天黑才罢手。

　　一次,狐狸被老虎抓到了,老虎正准备吃掉狐狸,狐狸对老虎说:"你不能吃我,上天派我做群兽的首领,如果你吃了我,就违背了上天的旨意。你如果不相信我的话,我在前面走,你跟在我的后面,看看群兽见了我,有哪一个敢不逃跑的?"老虎半信半疑,就和狐狸同行,群兽见了老虎,都纷纷逃跑,只有小猫还在葡萄架上悠闲地散步。

　　过去曾经有这么一个古老的传说,老虎是猫的徒弟,跟猫学了十八般武艺后,结果老虎学成忘本,想把猫吃掉,谁知猫还留有一招没教老虎,那就是爬树。见老虎要吃掉自己,猫一下子爬到了树上,老虎到嘴的美食成了空。从此,猫和老虎的梁子就结下了,以致老虎一听到猫叫就气得浑身发抖。狐狸知道这事的来龙去脉,它故意刺激老虎说:"山中无老虎,猫儿称霸王,你看猫在葡萄架上,根本没把您放在眼里,它只认同狮子做动物界的老大。"狐狸自己心里盘算着,世人说我狐狸因为吃不到葡萄而说葡萄是酸的,第一次我同小猫下围棋赢了吃到葡萄,这次要让老虎帮自己实现理想,又可以吃到甜蜜的葡萄了。老虎昂起头说:"狐狸你说,怎么办,我听你的。"

　　猫自古就有一股傲气,它不像狗那样摇动尾巴以讨人欢心,也不像狐狸那样藏起尾巴做人。自从上次输给狐狸让它吃到葡萄后,猫心中十分懊恼。这次狐狸又把老虎带来搬弄事非,于是,小猫就对老虎说:"一日为师,终身为父,你学了围棋,这些伦理道德、文明孝道哪里去了?"

　　狐狸一听急了,说:"老虎大佬,你别听它一派胡言,你把我送到葡萄架上去,我把小猫赶下来,让你尝还多年夙愿。"老虎一时为难,不知听谁的好。就说:"你们两个下一盘围棋吧,谁赢了我就听谁的,这样公平合理。"小猫正想雪上次输棋之耻,听老虎这么一说,便同意了。于是,小猫和狐狸以葡萄为棋子,又进行了一场苦战,最后的结果以小猫胜利告终。

7　割肉喂鹰

　　释尊有一次外出时,遇到一只饥饿的老鹰正追捕一只可怜的鸽子。鸽子对老鹰说:"你放过我吧!"老鹰说:"我放过你,谁来给我充饥呢?"释尊听了慈悲心起,就把鸽子伸手握住,藏于怀中。老鹰怒火中烧,但因为眼前的人是释尊,只好跟释尊理论:"释尊,你大慈大悲,救了鸽子一命,难道忍心让我老鹰饿死吗?"

释尊说:"我出一道围棋试题,若你做对了,我保证不会让你饿死。你若做错了,就自己谋生去吧。"老鹰心想,我在阿尔法狗老师那里学了半年的围棋,谁也没有下赢我,估计释尊出的试题也难不倒我。于是老鹰说:"你出吧。"

释尊便出了一道"三仙出洞"势,寥寥七八颗棋子撒在角上穷尽变幻,老鹰见都没见过,当然做不出来,只好悻悻地飞走了。释尊对鸽子说:"我教你一个咒语,便可防身。"鸽子打手势道:"我不会说话。"

释尊问鸽子说:"你学过围棋没有?"鸽子说:"我向阿尔法狗老师学过围棋。"

释尊先摆出"秋蝉饮露"势,对鸽子说:"学会此势解法,可以防陆上敌人。"接着,又摆出"野猿过水"势,对鸽子说:"学会此势解法,可以防水上敌人。"最后,释尊摆出"独飞天鹅"势,对鸽子说:"学会此势解法,可以防空中敌人。"鸽子把释尊授的秘技记在心里,对释尊三鞠躬后飞走了。

鹰是世界上寿命最长的鸟类,它最长的寿命可达70岁。鹰在40岁时必须做出一个虽然困难却很重要的决定。因为这时鹰的喙变得又长又弯,几乎碰到胸脯;它的爪子开始老化,无法有效地捕捉猎物;它的羽毛长得又浓又厚,翅膀变得十分沉重,飞起来十分吃力。

此时,鹰只有两种选择:要么等死;要么经过一个十分痛苦的更新过程——150天漫长的蜕变,它必须很努力地飞到山顶,在悬崖上筑巢,并停留在那里。鹰首先用它的喙击打岩石,直到喙完全脱落,然后静静地等待新的喙长出来。然后,鹰会用新长出的喙把爪子上老化的趾甲一个一个拔掉,鲜血一滴滴洒落。当新的趾甲长出来后,鹰会用新长出的趾甲把身上的羽毛一根一根拔掉。这样,五个月以后,新的羽毛长出来后,鹰又可以自由飞翔了。

在空中,老鹰又遇到了那只鸽子,鸽子拼命地在前面飞,老鹰在后面追。这时,空中飘过一朵彩云,鸽子突然想起释尊的话,它安静地在彩云上摆出"独飞天鹅"棋势,下出正解图,彩云像一道屏障,使老鹰无法近身捕获鸽子,老鹰知道这是释尊使出的佛法,盘旋几圈后无奈地飞走了。过了几日,冤家路窄,它们又在森林里相见了。老鹰心想,鸽子命大福大,但事不过三吧,这次一定要把你吃掉。鸽子又想起释尊的话,它安静地在树叶上摆出"秋蝉饮露"棋势,并做出正解图,这使鸽子一下有了摘叶伤身之功夫,树枝像利箭飞向老鹰,老鹰只有防守之功,无还手之力。

前世注定的劫数,非要今生化解不可。在东湖上老鹰和鸽子又相遇了。这次,老鹰不急不躁,心想,四面有山,鸽子再也无路可逃了。谁知这时从湖底游出一只绿壳乌龟,对鸽子说:"我是奉释尊之旨,前来搭救你的。"

鸽子感动得热泪盈眶,它伏在龟背上摆出"野猿过水"棋势。这个棋势复杂奥妙,鸽子和乌龟一起终于找到了正解着法。当老鹰快要手到擒拿鸽子时,黑白棋子像暗器一样从棋盘上激射出去,把老鹰的爪和喙都打麻了。又一次没能吃到鸽子,老鹰心里感叹,鸽子是佛保护的圣鸟,难怪人类赋予鸽子"和平"的称号。

8　国手神猴

隋朝末年,西域国向朝廷进献来一只老猴,皇帝杨广一看大怒,下令处斩来使。西域来使不慌不忙地说:"皇上先听我把话说完再斩不迟。"杨广想听来使如何解释,于是命左右罢手。西域来使说道:"皇上切莫小看这只老猴,西域国有很多神仙在深山老林中下围棋,这只老猴在树上看,天长日久竟也成了围棋高手。"

杨广一听,命左右将来使暂且押下,命宫中棋师与老猴下棋,试试老猴围棋水平到底有多高。没想到宫中棋师都不是这只老猴的对手,一个个惨败。杨广大怒,想不到我大隋人杰地灵,围棋竟没有人下赢西域老猴,这真是天下第一笑话。

谋士向杨广进言道:"狱中杨靖围棋下得好,可以让他与老猴一争长短。"杨广命人把杨靖从监狱押来,杨广说:"西域来了只老猴,颇通棋道。如果你赢了它,我免去你牢狱之苦,如果下输了,坐穿牢底。"杨靖跪下谢恩道:"罪臣领旨。"他已经听说老猴的厉害并想出一条万全之计。杨靖不动声色地对杨广说:"皇上,罪臣有个请求,下棋时给我预备一盘桃子。"杨广答应了他的请求。

下棋那天,文武百官都来观战,大厅被围得水泄不通。杨靖一边吃桃一边下棋,那老猴见了桃子,就像猫子抓心,馋得口水直流。老猴伸出手向杨靖要桃子,杨靖不给,猴子分心,连输几局。西域来使不服,说:"杨靖下棋时不许吃桃,若老猴再输杨靖,我愿以死相赌。"

杨广命人把桃子拿走,并说:"重赛一局,杨靖若战胜老猴,斩来使;老猴若胜杨靖,斩杨靖。"

此时大厅静悄悄的,围棋比赛重新开始,布局双方抢占大场。老猴虽围住了四角实地,但中腹有一块孤棋,杨靖开始猛攻,不料一颗棋子掉在地上,刚好滚到放桃子的茶几边,老猴看见了桃子,又馋得心痒痒的,早忘了下棋之事,结果那块孤棋被杨靖杀死。据说,那只老猴遭此一败,连夜投奔了阿尔法狗老师去了,这是后话。

9　动物比赛

动物园举行围棋比赛,猴子的棋下得最棒,场场能赢,梅花鹿下输了,狗熊下输了,山羊下输了,没有谁能赢它。看来,猴子的围棋冠军当定了。

下面轮到小猫与猴子下棋了,它们四周围了很多小动物,都想看看小猫能不能赢过猴子。棋下到中途,猴子突然肚子疼,要去上厕所。当它离开时,小老鼠把猴子一个很重要的棋子偷偷地拿了下来,它想暗中帮小猫一把,因为自从它们成为围棋班的同学后,小猫再也没吃它了,两人有时还称兄道弟呢。

猴子回到棋盘旁,发现棋子少了一颗,问道:"谁动了我的棋?"一个小动物回答说:"没有啊。"

猴子说:"我棋面左上角怎么少了一粒棋子,这步棋很关键。"狗熊输了几盘,这个时候肯定帮猫说话:"你看到要输了就要耍赖吗?"猴子说:"愿赌服输,赢得光彩。"

话毕,它随手将这盘棋一步一步有次序地摆出来,指出小猫在关键时刻下了失着,然后将棋还原到自己上厕所之前的格局。大家果然看到那里有一颗棋子,心里不由暗暗佩服。

猴子说:"此局你们以为黑棋必胜,但以我看来,白方只要走一要着,即可胜十余子。"

大家冥思苦想,这着棋可是谁也没有想到,猴子便在大家不注目的地方下了一子,并说:"这着棋要以后二十步才起作用。"双方又继续对阵,不出所料,二十步后遇到这一子,局势大变。至收官结束,白方果然胜十三子,观者个个赞叹不已。

大家问猴子，为什么围棋水平进步这样神速？猴子答道："自从上了阿尔法狗老师的围棋课后，受益匪浅。有一次，我攀岩进了一个山洞，看到洞里墙壁上有很多棋势，便逐个细细揣摩，不知不觉就到了这种水平，我这种水平与阿尔法狗老师还有一大截距离。"大家将信将疑：阿尔法狗老师真的这么厉害吗？

10　小猫乱局

唐玄宗宠爱杨贵妃，其中最重要的原因固然是杨贵妃有姿色、长得美，不过，除了长得美以外，还有一条是杨贵妃会来事，善于取悦皇上。

一天，玄宗与一位亲王下棋时，稍不留意误走了几步，眼看就要输棋。当时杨贵妃坐在旁边观战，她怀里抱着一只波斯猫，她见局势对皇上不利，心里替皇上着急，苦于帮不上忙。忽然，杨贵妃心生一计，让怀里的波斯猫跃出，跳到棋盘上，弄乱了棋子，杨贵妃抱起宠物，向玄宗谢罪，她自责失职，怕皇上扫兴，岂知玄宗反而高兴，连说："不妨，不妨，我们重新对弈一局。"

亲王说："皇上，我可复局。"玄宗颇为惊讶："你有这等功夫？"亲王复至中盘，有两子摆错，波斯猫为其修正，三人大惊。原来，这只波斯猫为琉球国朝贡的圣品，精通人性。数奇藏日月，机发动乾坤。忽然草丛中有鼠蹿出，波斯猫敏捷跃出扑之，复局无以为继，只好重新纹枰对局。

双方再次战至中盘，玄宗见形势不利，心里着急，脸上出汗，不时接过杨贵妃递来的香巾擦拭，可是局势依然没有缓和。

这时，那只波斯猫回来了，身上沾有树林间的小草，杨贵妃将它抱起，小心帮它弄干净，其呵护之情表露不尽。"哎……"皇上长叹一声。杨贵妃会意，这时波斯猫舔了舔自己的爪子，抓起一粒黑子，帮皇上弈了几步棋，顿时扭转了棋局，皇上不禁喜上眉梢。

"皇上，此乃神物，可喜可贺。"树上的喜鹊也在枝上叽叽喳喳，波斯猫笑了笑，晃了晃身子。原来，这只波斯猫是阿尔法狗老师门下的得意门徒。杨贵妃知道玄宗爱下围棋，便四处寻求，找到这只波斯猫后将其留在身边，以便日后帮自己讨玄宗欢心。这次果然派上了用场，也不负其一片苦心。

一个围棋跋涉者的沉思（代后记）

（一）死水不藏龙　兴云不吐雾

2003年，我寄给陈祖德九段《序盘中的秘密武器》《独孤求败·李昌镐番棋无敌谱》两本书，请陈祖德为我的《21世纪围棋教室》作序。陈祖德欣然应允并给我回信道："乾胜同志：你好！两本大作收到，很感谢！你和你哥哥等完成这两本著作很不容易，需付出很多努力。你们为围棋事业做了一件好事。期待你们有更多更好的作品。再次谢谢！祝好！"

我是一个孤独夜行的人。在我犹豫动摇、徘徊的时候，是陈祖德先生激励了我并给我信心和力量，使我得以坚持在围棋书作上辛勤耕耘。

"死水不藏龙，兴云不吐雾"。我是非常幸运的，能够遇上自己至爱的围棋，能把自己知道的围棋知识无私地献给这个精彩的世界，今生无悔。

我认真研究思考过众多围棋选题，每一个选题，都沉淀着一份思考。这不仅是我对围棋的理解、感悟、探索，也是把我思想的结晶提炼出来，与执着棋道的人共同分享。2013年中国围棋国少俊杰获得七个世界冠军，使我国获得围棋冠军的人数超过了韩国。选题"替天行道·中国围棋煮酒论英雄"的写作时机与条件已成熟。本书从马晓春1995年夺取第一个世界冠军开始写到现在，凡是世界冠军决赛的棋谱都收录了进去，这是中国围棋的骄傲。古力是我们这个时代的大国手，选题"君临天下·围棋国手古力征战世界"可以动笔了，第一章"勇夺世界冠军"、第二章"试与二李争锋"、第三章"横扫日韩新锐"，这三章的内容可以全面概括古力的围棋辉煌。

不是每个时代都有十番棋，不是每个棋手都有资格下十番棋。当代两大高手古力、李世石签约下十番棋对决，用时隔58年的残酷比赛方式，快意恩怨，选题"华山论剑·古李十番棋重现江湖"就应运而生。

李世石是从韩国飞禽岛走出的少年，古力是从我国雾都重庆走出的少侠。他们从走上棋士道路的那一刻起，就注定了他们的不平凡。他们既是对手，又是朋友，彼此惺惺相惜。截至 2016 年 6 月，他们下了 49 盘棋，两人都是 24 胜、24 负、一盘平手。即使 20 世纪共同开创新布局的吴清源与木谷实之间对局的胜负，也没有古力和李世石对局这么传奇。选题"棋逢对手·古李人生的胜负传奇"挥笔而成。时代创造传奇，传奇辉煌人生。

李昌镐是我们这个时代最辉煌的棋士之一，他的棋品、棋才出类拔萃。李昌镐棋艺登峰造极时，曾独孤求败，杀遍天下无敌手。然而，李昌镐是人，不是神，他也有从"神"变化到人的过程。选题"撬动大佛·围棋超一流棋手试金石"将在世界大赛中战胜李昌镐的棋局收录了进去。可以这样说，李昌镐是超一流棋手试金石，能战胜李昌镐的棋手，多是一流或超一流棋手。中日韩三国中冉冉升起的新星，无不得到李昌镐的锤炼，跻身围棋强豪之列。

创作是一种美好的孤独，好似一个人在一条长长的隧道里往前走，四周漆黑一片，只有遥远前方的出口透过一丝光亮。创作的过程是辛苦的、折磨人的，完成后是快意的，回想起来是美妙的。面对博大精深的围棋，以我浅薄的才学，尚难以解开它的秘密。直面它时，我们有时就像在大海边拾贝壳，虽知海之广阔，但能力所限，只能拾几枚贝壳。

有人说，围棋以其丰富的魅力和无穷的象征力吸引了形形色色的崇拜者。赌徒从中看到的是滚滚财富，才子从中看到的是倜傥风流，险诈者从中看到的是腹剑心兵，旷达者从中看到的是逸情雅趣，文学家能从中看到人，哲学家能从中看到世界的本源，礼佛者从中看到了禅，参道者从中看到的却是道。而现在我体验到的是心灵上的快乐。1990 年，我获得湖北省"青年杯"冠军，被湖北省围棋协会授予业余五段。1998 年春，我在华中师范大学开设《围棋艺术》选修课，至今已走过十八年的历程。尤其令人感到欣慰的是，由我首先倡导的"古力·李世石十番棋"，在 2014 年 1 月竟梦幻实现，由此揭开了世纪之战的序幕。

多少年来，以棋会友，与棋同行。围棋让我度过了很多的寂寞时光，编写围棋书籍使我得以为广大读者奉献有限的围棋知识，并逐渐使我修身养性成为一个道德上的觉醒者——自律于红尘，修持在方寸。围棋是人类游戏的最高境界的智慧，棋士在黑白之间谋出一条属于自己的生路，在攻守自由转换中体会生命的灵动，感悟生活的真谛。围棋对弈时，若用心真正感知，便可知不是你在下围棋，而是围棋在帮你修行。人生茫茫，苦乐相间，厚德载物，自强不息。

（二）空前绝后五百年
一部期待后世完成的题库

凡是沉默的都是伟大的。仰望无尽的天际,遥远的繁星演变着几十亿年的天体传奇。有时我想,在宇宙中某个行星上是否也有另一种高等生命,他们是否也有我们发明的围棋这个古老的智力游戏?

面对浩瀚的宇宙,面对深奥的围棋,我常常感叹人的渺小、生命的短暂,只是,人类经过进化,可以思维,可以创造,进而逐渐发现大自然的本源。

长期探索棋道,我深感身心疲惫,力不从心。禅云:廉者常乐无求,贪者常忧不足。围棋打开了我心灵的窗口,使我在人生境界上不断参悟,其中有苦同乐、有思同想。因此,我对我之前的围棋选题进行了一系列的修改、调整、增加,以期使其发表的形式更具有美学意义。

一本好的围棋书,首先要有好的书名,这样才能吸引读者的眼球,点燃他们的激情,激发他们求知的欲望。要创作一本好的著作,必须要有长期的资料积累,厚积薄发,力争做到艺术与形式的统一,这样创作出来的作品才会受读者欢迎。文学作品是这样,围棋作品同样如此。

我国元朝围棋名著《玄玄棋经》,是元代棋手晏天章和同乡严德甫在对弈之余,各自取出家藏棋书,将见识过的优越手段、确实令人赞赏的手法,以及今所未见之奇手、妙手,一手定生死的着法,一一列出,按其局势分门别类,并配以图形。为了使人们易于理解其精妙之着点,每一题均赋予名称,还附上解说格言、典故、文化,十分详尽,真可谓集棋经艺术之大成之作。

然而,自《玄玄棋经》成书至今 600 多年过去了,仍没有一部围棋作品有它那样的辉煌、那么经典、那么玄妙,是什么原因呢? 并不是《玄玄棋经》把天下围棋好题都创作完了,因为千古无同局,随着岁月的流逝,还有更多好题、妙局、玄势有待今人去开掘。只是我们现代人太浮躁、太功利了,没有古人那么悠清,那么宁静,那么执着考研棋道(此处指北宋时宋太宗御制围棋著作《对面千里势》)。以古照今,我们是不是更应该用祖国优秀的传统文化修身养性呢?

这次我发表的围棋选题,汇集了围棋技术与文化两大部分,这是我灵感瞬间产生的火花,以我毕生之力,或许能完成其中几个,但绝大部分部分还待后人完成。历史的车轮以它固有的节奏前进着。或许，很多年过去后，人们从历史的旧书中发现，21世纪初，中国还有我这样一位默默传播围棋思想与艺术的人，为他们留下了一笔丰富的围棋文化遗产。若能如此，则欣然也。

刘乾胜